梁宗岱译集

歌德与贝多芬

〔法〕罗曼·罗兰 著 梁宗岱 译 刘志侠 校注

VII

华东师范大学出版社

图书在版编目(CIP)数据

歌德与贝多芬/(法)罗曼·罗兰著;梁宗岱译;
刘志侠校注. 一上海:华东师范大学出版社,2015.12
ISBN 978-7-5675-4509-0

Ⅰ.①歌… Ⅱ.①罗… ②梁… ③刘… Ⅲ.①歌德,
J.W.V.(1749～1832)-生平事迹②贝多芬,L.V.
(1770～1827)-生平事迹 Ⅳ.①K835.165.6
②K835.165.76

中国版本图书馆 CIP 数据核字(2016)第 004456 号

歌德与贝多芬

著　　者　〔法〕罗曼·罗兰
译　　者　梁宗岱
校　　注　刘志侠
项目编辑　陈　斌　许　静
审读编辑　许引泉
特约编辑　何家炜
装帧设计　高静芳

出版发行　华东师范大学出版社
社　　址　上海市中山北路 3663 号　邮编 200062
网　　址　www.ecnupress.com.cn
电　　话　021-60821666　行政传真 021-62572105
客服电话　021-62865537
门市(邮购)电话　021-62869887
门市地址　上海市中山北路 3663 号华东师范大学校内先锋路口
网　　店　http://hdsdcbs.tmall.com

印　刷　者　上海利丰雅高印刷有限公司
开　　本　889×1194　32 开
印　　张　5.25
插　　页　5
字　　数　84 千字
版　　次　2016 年 9 月第 1 次
印　　次　2018 年 6 月第 2 次印刷
书　　号　ISBN 978-7-5675-4509-0/I.1488
定　　价　30.00 元

出 版 人　王　焰

编辑说明

一九二九年一月，在欧洲游学的梁宗岱第一次写信给罗曼·罗兰，请求准许翻译一九二八年出版的《贝多芬：他底伟大的创造时期》第一卷，得到大师回信同意。但他很快发现，译好该书需要学习更丰富的音乐知识，因此改变计划，先翻译另一部刚发表的《歌德与贝多芬》(*Goethe et Beethoven*)，同样得到大师回信同意。

这一年十月，梁宗岱结束瑞士阿尔卑斯山假期后，返回巴黎途中停留日内瓦，第一次前往莱蒙湖畔拜访罗曼·罗兰。在交谈中，他表示自己即将创办一本期刊，打算在最初几期刊登该书译文。一九三一年离欧返国前，他应邀到日内瓦参加和平组织会议，再次谒见罗曼·罗兰，向他告别。两人度过一个下午，离开时获得罗曼·罗兰题赠的这两本以贝多芬为主题的著作，以及四卷本《约翰·克利斯朵夫》。

回国后，刊物计划未能实现，但翻译继续进行。一九三五年至 九二六年，《时事类编》连载了该书第一至第三部分：《歌德与贝多芬》、《歌德底沉默》与《歌德与音乐》。一九四一年，梁宗岱在战火中辗转到达重庆，进入复旦大学任教，在《学生之友》发表了第四部分《贝婷娜》。一九四三年，广西华胥社出版单行本，书名《歌德与贝多芬》。

　　本集采用华胥社版作蓝本，参照法文原著校注。为方便阅读，音乐名词及重要的人名地名改用通译，并且适当补回外语原文，以供对照。个别文字和标点按照常规处理。

　　本书的法文原著有大量注解，梁宗岱没有翻译。一九八一年，坊间出现本书的重印本，加入了从英译本转译的注解，但是没有注明译者的姓名，令人误会出自梁氏手笔。

　　梁宗岱当年放弃不译，因为这些连篇累牍的注解用于交代写作过程及资料来源，对读者理解作品的帮助不大，反而会分散阅读的注意力，因此代以小量简短的自撰注释。本集沿用同一原则，保留这些注解，另酌量增加一些新注。

　　同样情况出现于原著最后两篇附录《〈马赛曲〉在德国》和《贝婷娜谈音乐的信》，重印本根据英译本作了补充，未署译者姓名。鉴于这两篇译文与原著颇有距离，编者根据法文原文重新翻译，附于书后供参考。

目　次

歌德与贝多芬

附　录

歌德与贝多芬

序　曲

当一个年逾六旬的人在西克洛柏（Cyclope）① 的洪炉深处——《创造者贝多芬》(*Beethoven: Les grandes époques créatrices*) ②——廿始一个需要许多年工作的长途旅行，谨慎要求他不得在路上耽搁。直达目标！

但我从不关心到达。使我发生兴趣的是路……只要它是在我所选择的方向里。我丝毫也不忙。身体孱弱，而且，自幼便刻刻有被截断之虞，我时常在活着仿佛我可以活到一百岁——或明天便死去：这于我毫无差异。问题只在于全神贯注于你所从事的工作。

在我的《贝多芬》的路上，我碰到不少使我停留的人物，他们有许多话对我说，而我随时都准备去倾听他们：我生来就是活人和死者的心腹朋友。——这里就是两个曾经把他们的生存线和贝多芬的生存线混在一起的人。一个是贝婷娜，疯狂而又明慧，梦似的度过一生，但她那梦游者的眼睛曾经在梦的深渊看见了许多当代那些最清醒的人也认不出的天才：贝多芬，赫尔德林（Friederich Hölderlin,

---

① **西克洛柏**　为雷神制造雷斧的巨匠们。——译者原注
② **《创造者贝多芬》**　罗曼·罗兰系列著作，原书名《贝多芬：伟大的创作时期》。——编注（本书脚注若无特别说明，均为编注。）

1770—1843）①，并且预告了大革命。——另一个便是我毕生的大师和伴侣：歌德。从三十岁以后，我在一定的时期便咨询他那无数的著作，像以往那些在日落，当思想敛翼的时辰——（浮士德在书房的阴影里静默而且梦想着）——叩问他们那古旧的圣经一样。没有一次，我从我的探访回来，口里只得到一些枯燥的答案，或者手臂上载满了许多无生命的原理，抽象的、先天的观念；没有一次不是给一道活生生的经验的洪流，一道从深处溅射出来的泉水恢复我的青春的。即使在天才的队伍里，那些和地灵②有着恒久的密契的也并不多呀！歌德和贝多芬便是这些"母亲们"③的心腹中的两个。但其中一个——那聋子——倾听着却看不见那从深渊里发出的呼声。另一个什么都看见，却不能什么都听见。贝婷娜呢，跟在他们后面，陶醉于爱和她自己的梦里，也不看见也不听见，却用她那发烧的手指在夜里摸索着。

　　对于我的《贝多芬》的读者们，我奉献这段我在贝多芬内在的海里的奥德赛旅行的插曲，愿他们和我一起停留，像在阿尔辛拿乌士国一样！

---

① **荷尔德林**　德国大诗人。——译者原注
② **地灵**　显现给浮士德的神灵。——译者原注
③ **"母亲们"**　在第二部《浮士德》里，这些"母亲们"住在无空间、无时间的深渊，"形成，改作，便是她们永久思想的永久谈资"。——译者原注

在这旋风似的时代，我欢喜从容自在地呼吸着，而且，在新城（Villeneuve）①的山谷里，两手交叉在脑后躺着，在这新春的日子，在樱花下，去从那无底的长空凝望着世纪的永久的圈……于是波希米亚（Bohème）林中的会晤回来了，在特普列兹，这两个双生子：歌德和贝多芬，和贝婷娜的缱绻的挽歌——"宁娜，那为爱而发狂的少女……！"

这部书包含四篇文章。第一篇也就是最长的曾在《欧洲》（Europe）杂志上发表。我已把它增改过。其余三篇也是属于同一的题材，不过从另外几个观点研究。歌德的问题是那么浩大，而且，在他死后百年，依旧那么动荡（因为这个人的"生命箭"的特征是，一经射出之后，它永不停止，永远追逐着那逃避它的目标）——我觉得对于这几篇独立的研究保持它们那活动的弹性比较符合真理，这是我唯一可以把它们接近那伟大模型的不可企及的可塑性的希望。

音乐又一度是我的女主角。在这里，她不独是贝多芬狄安尼索士（Dionysus）的伴侣，她也是魏玛（Weimer）的阿波罗的女神，并且不是最生疏的一个。大家都不大知道。这部书的主要目的便是要提醒法国的读者，告诉他们近代欧洲

① **新城**　罗曼罗兰在瑞士居住的地方。

最大的诗人也属于我们的音乐同业会。他是这两条双生的小河汇合的大河流——像地球上所有的河流一样。

一九三〇，四,十五，罗曼罗兰。

歌德与贝多芬

上

一八一一年，一八一二年……丰富的秋大与葡萄的收获，树林的金与夕照通红的天……临末的两曲交响乐，和最后一曲小提琴奏鸣曲（Sonate pour violon）……最后的良辰，最后的爱……和两个太阳，贝多芬与歌德的邂逅，刹那的会合。自从许多世纪，命运已经准备好这两颗诗与音乐的大星的朔望了。时辰过去了，他们互相握手，又互相避开了。又要再等千年的长期了……我多羡慕那些得到目睹的人啊！我要掠取这些眼睛和那些沉睡在眼底的影像。我从池塘里看见那已经落在天边的太阳。

*　　　*　　　*　　　*

许久以前，这两个人已经遥遥地相识了，不过认识的程度并不一致。而两人之中，理解对方较深的，却是贝多芬。

自从童年，他便浸淫在歌德的作品中，对他深致景仰。他每天都读他。在他心里，歌德已经替代了克罗柏士多克

（Friedrich Klopstock，1724—1803）[1] 了。

> ……克罗柏士多克常常想死。这迟早总要来的！……至于歌德呢，他活着，而且我们大家都得和他一起活下去。所以他那么宜于谱成音乐。再没有比他更宜于谱成音乐的……

一八一〇年五月，他和贝婷娜（Bettine）第一次会晤里，他曾经说过歌德的诗对于他的魔力是多么大，"不独由于它们的内容，并且由于它们的节奏……"

> ……我愿意而且被鼓动去用这文字创作音乐，这文字自己组成一个高尚的秩序，仿佛一座由心灵的手造成的宫殿一样；它本身已经具有和谐的秘窍了。

贝婷娜看见他正在热烈地把歌德两首小歌（Lieder）谱成音乐。怎样的小歌啊！怎样的音乐呵！……那《不要干吧，泪啊！》(《忧郁的快感》Volupté de la Mélancolie)，和《迷娘歌》(Mignon)。

---

① **克罗柏士多克**　歌德以前的德国著名诗人。——译者原注

同年，他写成了《爱格蒙》(*Egmant*)①的音乐。而自一八〇八年，他便梦想着要把《浮士德》(*Faust*)谱成音乐了。

把一首诗谱成音乐，对于他，并不像对于大多数音乐家一样，只是一种插图工作，一种对于原诗的彩色的注疏，那是一种和原诗的结合，灵肉混作一团。人们并没有注意得够贝婷娜所述的他那番追逐曲调的吃话正是关于歌德的意境之探索，他要融化为音乐的：

　　……我要从兴奋的洪炉里把旋律放射出来，它向着四方八面奔逸。我追逐它，我重新热烈地搂抱它。我眼见它逃走，和散失在无数印象的混乱里，立刻又把它更热烈地抓住。我再不能和它分离了，我得要从一种忘形的痉挛中把它繁殖起来，化成种种抑扬顿挫的音阶；而最后，我胜利了，我拥有它，拥有我所追逐的原来的思想。于是，看呀，便成了一曲交响乐！……是的，音乐真是感官的生命和心灵的生命的媒介。我很想把这意思对歌德说。他会了解我么？

他坚持着：

---

① 《**爱格蒙**》 歌德的剧本。——译者原注

　　旋律是诗的肉感的生命。一首诗的精神的内容可不是由旋律渗入我们的感官么?《迷娘歌》的旋律可不把全诗的肉感的情调传达出来么? 这感受的印象可不又刺激心灵去产生新作么? ……

在这里,贝婷娜加给贝多芬一种音乐的潜意识的直觉,比字面的意思深宏过千倍,因而作了叔本华和瓦格纳的前驱,而,回到歌德,他加重他的呼吁:

　　对歌德讲我罢? 告诉他,他得听我的交响乐! 他会同意我音乐是直达那较高的认识世界的唯一法门,人们受它包围着却抓不住它……心灵藉感官从它那里得来的是一个灵感的启示的化身……给歌德写信提我罢,如果你了解我! ……我也乐意他启迪我呢! ……

　　　　　*　　　　*　　　　*　　　　*

但是在未继续我们的路程之前,我们得在这里停留一下,估量贝婷娜作证的价值。

虽然我们不能在本文内试去解决这非凡的妇人之谜(对于她我要另写一篇比较详尽的研究),我至少应该在读者面前划下这个问题的纲领，说出我所得到的结论。

我们现在已经有法子在这颗灵魂里看清楚了。她和歌德通信的原本已经发表了几年。许多批评的研究曾经把两种本子详细比较。虽然因为许多重要的信已经失掉之故，还有不少罅漏，我们今天已经很明晰地把"确凿的"从"可能的"，"可能的"从"谬误的"或"虚构的"分辨出来了，尤其是关于我们所须研究的这时期。而贝婷娜之谜再也不能成立了，除了那些不熟悉女性灵魂和缺乏同情的人——没有同情，灵魂之门是永不会开给你的理解力的。

不，她丝毫也不像一个近代许多历史家所称的"北方巫女"，这一八〇七年至一八一〇年间的小勃伦丹诺（Brentano）①——因为，描画一颗灵魂的时候，我们须先分清楚我们撮取它的时辰；没有人毕生如一的，何况一个像贝婷娜那样完全听命于她的温软而且痴情的心的女人！后来，容貌改变了，年龄把它叠折起来，把青春的微笑化作鬼脸。一八二五年的歌德的眼也不像一八〇七年一样宠爱地看她。但现在我们所要说及的，却是那二十至二十五岁的小迷娘。

迷娘，她亲近的人这样看她，歌德初次和她见面也这样看她。从他在《威廉·迈士特》（Wilhelm Meister）②里找着了

---

① 　勃伦丹诺　贝婷娜的姓。——译者原注
② 　《威廉·迈士特》　歌德的小说。——译者原注

迷娘的影像那时起，她也这样看待自己。她从迷娘的性格认出了自己，迷娘的怅望，迷娘的命运，"一切"，她说，"除了死"：因为她有着一个贪生的幽灵。

身材短小，颜色黯淡，但似乎无底的阴暗的眼，浓厚的黑色鬈发，常穿着一件飘荡的黑袍，用一条粗的腰带系住，像进香客一样；不趋时髦，也不能遵守社会的狭窄的规矩；在椅子上坐不舒服，却常常盘膝在矮几上，或栖息在窗台里；时而活泼狂笑，时而沉没在忧郁里：总之，一个活在梦里的大梦想家。

那在她快要见贝多芬时候，为她画下这幅肖像的年轻的亚罗衣士·比勒（Aloïs Bihler）爱慕这销魂的少女不已！爱慕她的丰富的心灵，她的幻想源泉的溅射，她的诗的热情，她的不事修饰的妩媚，以及她的慈蔼的心。在这二十五岁，看来至多十八或二十岁的当儿，她没有丝毫的矫饰或虚伪：只是无限精神与心灵上的慷慨与豪爽，只是一片异常的天真与自然。

一八一〇年，正是歌德经过了长期的审慎，终于极醉心于她的一年：因为，她也抵不住她的妍媚呢！同时也就是她整个生命受了她那对歌德的绝对的迷惘的爱，她和歌德初见面时无意中套在她指上的神秘戒指的两重封锁——她自己觉得最接近他并且完全爱上了他的一年。她一八一〇年正月和二月所写的信显出她整个儿被吸收在他里面，像阿维拉的戴丽丝（Thérèse d'Avila）① 被吸收在她的钟爱的异象里一样。——而且，别以为歌德对于这过度的崇拜生厌！他畅饮这崇拜，和猫喝甜乳一样。他不独感谢贝婷娜（一八一〇年二月）；并且因为一个月得不着新的表示，他便感觉不安而恳求她（一八一〇年五月十日），他一刻也离不开贝婷娜的信，甚至旅行也把它们带走。

就是在这种情形之下贝婷娜初次见贝多芬。有什么理由（要不是迫切的真心）她会写信给歌德说她倾倒于贝多芬，说他把她征服，并且热烈地拥护他的事业呢？——这种种决不会取悦于歌德，是她可以预知而事后便更清楚的。

我且先述贝婷娜后来公开出来的那非常事故的梗概：

他那时在维也纳已经有好些日子，寄居在他那和敦尼·比尔肯士多克结婚的哥哥法兰奇·勃伦丹诺（Franz Brentano）家里，这夫妇俩都是贝多芬的忠心朋友，并且维持着那曾经做过法兰克林（Franklin）和罗伯孙（Robertson）的朋友的岳父比尔肯士多克的艺术与智慧的传统的。那正是五月，一个炎热的五月；贝婷娜写给歌德的信充满了芳菲的园林的陶醉，和那从开着的温室放出来的迷人的香气。贝婷娜刚才听了贝多芬一曲奏鸣乐，她整个儿颠倒了，她要见那音乐家。众人都劝她不要去。"贝多芬"，他们说，"是不可

---

① **阿维腊的戴丽丝**　西班牙的圣女。——译者原注

亲近的。"他们连他的住址都不知道。贝婷娜坚持着，并且
冒险去。她找着了那房子。她走进去。他正坐近钢琴，看不
见她，她俯向他耳边说："我叫勃伦丹诺。"他突然回过头
来，看见这美丽的少女，他的惊惶的眼睛透过了她的思想，
透过了她的热烈的同情，她的如火的两颊，当他对她唱道：
"你可知道那柠檬花开的地方？"透过了她的颤动的灵魂，
她的虔诚的热忱。他怎能够不被征服呢？

　　她被征服正和他一样，她被征服得比他更甚。

　　　　……当我看见了他，我忘了全世界。当我再想起
　　来，世界消失了……它消失了……

　　她受贝多芬的魔力支配得那么厉害，贝多芬竟把他的
孤寂度过她身上：她把这孤寂变成自己的，这沙漠焚烧着
她。于是她躲避到歌德的光明，歌德的慈父一般的温情底
下。这封给歌德的信（见一八三五年书简）的开端是有被
"解心学者"① 研究的价值的。这里面包含着一种动人的神通
（Médiumique）的现象。贝婷娜是一颗吸饮那些充满了天才
的灵魂电流的灵魂。她侥幸地乘贝多芬正沉没在热情和创造
的热狂（或"发狂"raptus，像他第二天所说的，当她提起

---

① 　解心学者（psychanalyste），今译精神分析学家。

他们所谈的话时）的剧变中找着他。

他们的会晤延长下去：因为贝多芬，迷了，再也放不开贝婷娜，送她到勃伦丹诺家里，拉她一块去散步；贝婷娜呢，晕了，继续为他忘了一切："交际场，书院，剧场，甚至圣史梯芬教堂塔楼的塔尖！"……他们更互相说了许多不朽的话，——这些话，荀特烈（Schindler）① 后来觉得可疑，根据这可笑的理由：贝多芬从来不曾对他说过。但荀特烈并不是贝婷娜；那老了的贝多芬对他谈话的时候，他看见一副"助手"（Famnlus）的谄媚的阴沉的脸，常常都仿佛在叹息道："下雨呢！""助手们"是永远不会兴发诗人的。请他们以散文自足罢！

但是关于贝婷娜所记录的贝多芬这些思想的讨论，我想留给另一篇性质上比较专门的研究。对于歌德和贝多芬的关系史，我们目前所当注意的，是事实的准确与贝婷娜的印象的可靠问题，然而两者都是毫无疑问的。即使没有贝婷娜给歌德的信（见一八三五年的书简里）和给赫尔曼太子（Hermann von Pückler-Muskau）的信（这些信或许都有讨论的余地，因为它们发表得很迟），单是那封一八一〇年七月九日给年轻的亚罗衣士·比勒的不容怀疑的信，便足以建立她和贝多芬的相遇以及贝多芬所给她的雷殛一般的印象的绝

① **荀特烈**　贝多芬晚年秘书及传记作者。

对真实。虽然他的相貌极丑恶，而且贝婷娜的美感比谁都敏锐（因而这爱美的女人永不会献身于贝多芬），可是她一见面便被迷住了，并且永远地迷住了……"我对这个人感到无穷尽的爱……"那征服她的心的，是贝多芬对他的艺术的无上的伟大和无匹的诚恳。他那对于生活的澈头澈尾的淳朴与率直又使他那般无保障。社会待他的态度激起她的义愤。从那刻起，她便矢志要为他献身了，我们就要看见她用怎样的忠诚去实行她的志愿，甚至对那些她最要小心应付的人。

　　至于她征服贝多芬，那也是一样确定的。那封给比勒的信证实了贝多芬对她的殷勤；他在维也纳的最后几天几乎不离开她一步，他不能和她分手，并且，临别的时候，恳求她给他写信，"至少每月一次，因为除她以外，他一个朋友也没有了。"那封再无异议的贝多芬一八一一年二月十日写给贝婷娜的信告诉我们贝婷娜曾经写了两封信给他，贝多芬整个夏天都把它们带在身上，他非常高兴并且已经在心里写了不止千回的信给她了。至于他把自己交托给她，这隔绝了其余世界的人，这个人活在一种艺术的狂热里，又盲又聋，对于外界全无感觉，并且沉醉于那充塞着他的和谐，沉醉于他和她的内在神灵的热烈对话，像西斯廷大殿的一位先知 ① 一样——这被堵住的狂流忽然找着了出口，猛烈地从一切窒塞

① **西斯廷大殿的一位先知**　指米珂朗琪罗的壁画。——译者原注

他的思想里跳出来：这些简直就是明证的自身。

　　现在，贝婷娜将要把这些思想传达给歌德。关于这层，我们也有证据，虽然当时的情景并不完全和她所叙述的一样。

　　当贝婷娜一八三四年至一八三五年发表她的书简，她并不顾及那文字上的准确，而且没有这样的自许。歌德死后，她从穆勒参事手里取回那些信札，并不依照它们的思想上和风格上的紊乱状况发表出来，她把它们重新写过，把几封拼作一封。不仅这样，她还用他从前所曾经有过的会话的记忆补足它们；这些会话——说不定是她笔记下来的（这是从前的习惯）——无论如何，一定经过她反复回味的（因为我们后来知道贝多芬的话怎样占据着她的思域；它们远超过她；直到后来她才充分了解它们）。她并不以为这样做会损害真实，不过把真实表现得更完全，更配得起那些她要光大他们的身后名的人罢了。然后，她在那上面加上一个大概的日子。这日子我可以说是综合的；因为它往往包括了几个月的通讯或晤谈。——全部的价值，对于历史家，就在于大家公认的贝婷娜的看、听和理解的机能，只要我们估量过她对于述说或粉饰真理所能有的私心（即使是非意识的）。这种批评的工作对于每封信都得要做。而且单独涉及歌德的时候，我们考虑到贝婷娜的钟爱的天性会把他理想化，把他自己的生命和偶像的生命混合，这样做无疑是明哲的。

但是对于贝多芬，情形就完全两样了。甚或正相反。贝婷娜对于歌德的崇拜应该使他忽略贝多芬，使他避免唐突歌德，在这对于她只是次要的场合，然而并不发生丝毫影响。贝婷娜勇敢地、热烈地为贝多芬作战，反抗一切的人，她一生中更没有比这更使她光荣的事了，而且也只有逼近审视她，在某些日子里，我们可以在她表面的瑕疵下认出她深沉的忠诚，这在她里面比爱情说得还响亮的正义本能。

　　　　　*　　　　　　*　　　　　　*　　　　　　*

贝婷娜在她的一八三五年的书简里，发表一封说不定她会在一八一〇年五月二十八日写给歌德的信，而且在她和贝多芬初次会面的晚上，还燃烧着那火样的话语。

这封信，她曾经每天晚上在这些可纪念的会晤之后独自静处时写在心里，我们却可以相信的：因为我们看见她接连几个月念念不忘；这简直是她心灵里的一番革命。也许她曾经把她记录的草稿拿给贝多芬看。贝多芬在这心情镇静的时候重读那从忘形中挖出来的密语或许会惊喊道："怎么，我曾说过这样的话么？那我一定在发狂里了！"然而，事实上，这封给歌德的信到七月初才开始，当贝婷娜离开维也纳，在布果环乡间享受着安静去重新活过那五月的伟大的记忆的时候。

贝多芬的显现留在她生命里的是怎样的震撼，一件简单的事实可以说明：她哥哥科莱芒在六月里带了那以为一定得到她许婚的年轻的阿尔宁穆（Arnim）来会她，发现她神思恍惚而且疏远；她对他说起献身给那时代的伟大使命，献身给音乐。而当阿尔宁穆失望地离开她，写信求她爱他，贝婷娜诚恳而且挚爱地回答，说她愿意使他幸福，但她认不清楚她自己的心情。一八〇九年，她老早就已经对阿尔宁穆提起过那环绕着她的音乐的维系——现在，这和贝多芬的相遇更加强这些维系了。一种工作在她里面完成着。

七月十日，她开始写一封长信给歌德；中间停顿了两次，十三日，十八日又继续写下去；她竭力在那里面倾吐她三个月来积聚得过于盈满的胸怀，我们感到她摆脱不了，感到她完全浸没在她梦想的洪涛里：她老是拖延那要说出关键的一刻……她终于决定了；她开始叙述她和贝多芬的相遇。她在一八三五年发表的那封幻想的信里所说的还是同样的话，不过涂掉几处重复的地方罢了。她在原信里也特别着重他们对于歌德的共同的爱慕，这是使他接近贝多芬的原因。她的策略是很明显的：为要使歌德愿意听她的话，她就在歌德名义下介绍贝多芬……看，他来了！贝婷娜的心满盈了，它快要溢出来了：

　　……现在，留神啊！就是关于这贝多芬我要对你谈：全世界在这个人的周围起伏着好像……

那封信突然在这几个神秘的字上终止。笔儿写不完这句刚开始的话。贝婷娜不能继续下去……她的确不能……她要说的话太多了。

歌德那时正在卡尔士巴特（Karsbad），他七月二十二日写给他夫人说曾经接到贝婷娜一封信，一封无地名，无日子的短简，在这信里预告她不久就会到魏玛探访，否则会有一封长信。贝婷娜感觉要对歌德笔述那贝多芬的发现在她里面所激起的整个情感世界实在非常困难，而且说不定已经写了又撕了不止一封信了，决意等到下次会面才高声诉说她的心事。

这次会面比她和歌德所期望还早到。歌德受他的大公爵召赴特普里兹（Teplitz），恰巧贝婷娜假道布拉格（Prague）赴柏林经过特普里兹时得悉歌德在那里，赶紧跑去见他。于是在两天充满了幸福的亲密的光阴里（一八一〇年八月十一及十二日）终于把那启发她并且摇撼和丰富了她的生命的一切全盘对他倾吐出来。

"她对我说不尽她的新旧的奇遇。"歌德写道。

这些新的奇遇就是她和贝多芬的邂逅，歌德不屑把他的名字说出来：至于贝婷娜的兴奋，他不愿意重视。他对贝多芬的意见究竟怎样呢？没有什么了不起，在这个时期。而且，我们就要看见，连"没有什么了不起"的好处都没有，但是，他当时太受这可爱的少女的魔力所迷了，不能不任她畅谈。他只看她的嘴，并不听那话的内容。

"贝婷娜的确比向来都妍丽可爱。"——她去后第二天他不谨慎地写信给那妒忌的，那将永远忘不了这话的基上梯安娜（Christiane）① 这样说。

他并不听，但他总听见了：贝婷娜对他说些什么呢？

就是她在一八三五年那封幻想的信里所说的。并不是她第一次访贝多芬的详情，而是所有的探访，所有的日子并在一起，那些散步，那些梦想，那伟大人物在她心灵里所激起的震撼——这人物，离别使他显得愈伟大，回忆的陶醉并且在他头上围了一道圆光了。

我没有丝毫理由怀疑——要不是她在一八三五年的叙述里所加给贝多芬的话的文字上的准确，——无论如何，她所感受的印象的物质上和精神上的准确。贝婷娜的火热的想象也许会在图上洒上金粉，她的天然的艺术也许把整幅画剪裁结构。但这画对于贝多芬和柯罗特·罗连（Claude Lorrain）②，一幅画对丁罗马乡间一样真切。那琐碎的现实主义断不能更忠实地表现罗马的田野和光辉的璀璨。贝婷娜所

① **基士梯安娜**　歌德的夫人。——译者原注
② **柯罗特·罗连**　法国十七世纪大画家，以风景画著名。——译者原注

见和所画的贝多芬也是一样。再没有眼光比这双灵活的眼珠更能透入他的天才的深渊的了；她的女性的直觉在他还未理解以前——（甚或在贝多芬自己还未意识到以前），——已经把他的隐秘的思想饮下去了。——那是一种在洪炉的火里的潜没。贝婷娜听着，正如贝多芬谈着，在一种"发狂"里。所以她瞥见了那些冷静的唯理主义者所不能理解的东西，——他们是没有灵魂闪光的经验的。

　　但是歌德的感想究竟怎样呢？——他，那认识这些灵魂闪光的（虽然他并不爱它们，因为他知道它们危险，他要把它们从他的地平线拨开），——歌德，关切，窘迫，拒绝把那他后来称为贝婷娜的 wunderliche Grillen（妙想）看作认真。但是他那刻刻都醒着的心理的好奇心，给这些"成问题的性格"同时抗拒和吸引。"这些性格越难界划越难寻释就越是这样"，他在贝婷娜所唤起的这可惊的人物面前愕住了：（我们可以从他后来在特普里兹探访贝多芬的那异常的殷勤看出来。）如果他没有写（理由多着呢）那封贝婷娜所加给他的六月六日的信——贝婷娜离开他后，觉得他们的长谈犹未够，留了一篇很长的笔述给他，三天后又给他写一封比以前更热烈的信——他在八月十七日回信，表示他非常惊喜，接得这些令他读了又读的信。"而现在你最后的一封信又来了，越过了其余的……"贝婷娜从不曾给过歌德这样强烈的印象；他从来不曾那么重视过她的心灵的价值；又因为他的天才的自私性因为别人献给他的精神贡品而看得起他们，他立刻要将她和他自己的工作联结起来以表示他的新敬意。

然则贝多芬这时已经距离冲开歌德的智慧的同情之门不远了，要不是还有一个第三者在场，把贝婷娜的努力完全勾消：——策尔特（C. F. Zelter）。

我们知道多么强固的友谊把歌德和这音乐的好泥水匠学徒（gâche-mortier）①，这老实人，这好音乐家，这十全的俗物，他的埃涅阿斯的阿沙特（Achate）②团结在一起。无论什么三合土也不能有这友谊的持久——这自然也有它的美点。但是天才一条可悲悯的定律，为了满足他的友谊的需要，似乎少不了一服很重的平庸剂。和同等的人，他只能做暂时的朋友。自从席勒死后，歌德的亲密的环境，除了少数的例外，实在贫乏得惊人：许多中产阶级的田舍翁，累赘，狭隘，至少落后了二十年光景。那些拜访他的青年感到愤慨已不止一次。在他的侍从中，经过了种种忠诚的试练，策尔特自始至终是个工头，是音乐的唯一谶语。歌德很驯服地把他所应该羡慕或摒弃的交托给这个人诚实的，笨拙的不理解。

---

① **泥水匠学徒**　策尔特出身泥水匠家庭。
② **阿沙特**　维吉尔的史诗《埃涅阿斯纪》(*Eneide*) 的英雄埃涅阿斯（Enée）的忠心同伴。——译者原注

策尔特怎样对他说贝多芬呢？

一八〇八年十一月十二日：

　　带着钦羡与惊惶，人们看见些闪烁的磷火，在巴拿斯（Parnarsse）^①的天边，看见些极重要的才能，比方贝多芬，用赫拉克勒斯（Hercule）^②的铁锤来拍苍蝇。这些浪费许多才能于琐碎事物上的表演，你首先觉得惊诧，终于耸耸肩膀而已。

　　稍后，他来得更凶了：谈起贝多芬的作品，他不但把它们看作怪物，"它们的父亲是女人，或母亲是男人"；并且说它们有伤风败俗的嫌疑。他觉得《橄榄山上的基督》（*Christ aux Oliviers*）（本来值不了什么，但也不值得大惊小怪）是一件"淫猥"之作。"它的内容和目的就是那永久的死……我认识许多鉴赏家"，他接着说，"从前看了这些作品觉得惊愕甚或愤怒的，现在却显出一种和那些希腊式恋爱的拥护者的热情了……"

　　贞洁而且雄伟的贝多芬的艺术犯淫猥和畸形的爱的嫌疑！这仿佛是恶意的愚鲁的一种孤注！我们会觉得好笑，如

---

① **巴拿斯**　希腊诗与艺术的神山。——译者原注
② **赫拉克勒斯**　希腊神话中的大力士。——译者原注

果我们不想起这毒药灌入谁的耳里（而且无疑地，出自一只并无恶意的手！策尔特后来的行为可以证明）……"畸形的艺术，妖怪，淫猥，反常"；策尔特在十行文字里找着了那足以永远离间歌德和贝多芬的方法。

而贝婷娜正好在一八一〇年八月十一日晚上，在歌德的特普里兹的寓所里遇见策尔特。我们可以想象策尔特的笨重的常识，他那粗俗而且毫无顾忌的话，会用怎样不愉快的讽刺与讪笑来评论贝婷娜的神秘的音乐的飞翔。那可爱的小猫发怒起来，把唾沫啐在那柏林狗的脸上，歌德，在那封八月十三日的信里，那么倾倒于贝婷娜的妩媚，也禁不住补说道："但是对于别人，她却非常之无礼貌。"

贝婷娜从特普里兹带走了满怀对于策尔特的怨恨。她整个冬天都把他反复嘴嚼。就是这点也可以显出她的忠心。她徒然知道在歌德面前触动策尔特的权威是危险的，知道她会白费工夫并且会失掉她上帝的恩宠，——她不能宽恕这俗物（她这样称他）对于贝多芬的肮脏的和恶意的理解。她在柏林再遇到他的时候（那可怜的阿尔宁穆竟不知好歹地提议给她请策尔特做她的和声学教师，她气愤愤地拒绝了……）她在给歌德的信里不绝地咒骂他——那粗骨头、长尾服的笨重的学究……她把他们统统放在一个口袋里，所有柏林的学究们——策尔特、莱哈德（Reichardt）、里知尼（Rigini）、希默尔（Himmel），他们老是负气，老是互相吠或者吠过路人。嗄！他们尽管互相咬，互相鞭挞，团团转罢！但是他们得让那些伟大的光荣的死者和贝多芬安静！

歌德皱起眉头了。他本来以为这些关于音乐的怪想会和一个美丽的少妇的幻想一样消灭的。当他看见它们筑室久居起来，他变色了。他最先是很审慎的。他需要贝婷娜。为了他所要写的自传，他得要向贝婷娜探索他童年的回忆，——这些回忆是贝婷娜从他母亲口里收集来的；当这两个女人聚在一起，在忘形的欢乐中复活这年轻的神的晨光（因为——多奇怪的事——歌德竟完全记不起他的童年了。那法兰克福的歌德死了。如果没有她母亲的亲生女一般的心腹友，他会一点儿也写不出来），所以他得要从贝婷娜那里榨取那她原来专为自己积蓄起来的宝库。她把它们一滴一滴蒸馏给他，在里面参杂许多痛骂策尔特的话，或一些关于音乐的启示和关于贝多芬的天才的暧昧，发烧，闪烁着云中的电光的原理。他得接受一切。他的不愉快只从他们的缄默透露出来。可是嫌怨已经慢慢积聚起来了。在一封一八一一年正月十一日的信里，有几句话已经把这嫌怨泄漏出来：

> 许多次你显得骡子一般地固执，尤其是涉及音乐一层：你在你的小脑袋里制造许多不经的怪想，——关于这些我不想教训你或令你不痛快。

换句话说："尽管说你的罢，我是不屑同你讨论的。"

在这一八一〇年至一八一一年的冬天，歌德便摆脱贝婷娜了。他最初以为自己是这颗迷人的灵魂唯一主人翁，——她的意大利和莱茵河流域的德国（她从前的爱人的女儿）的两重天性吸引着他。她自己跑到他那里并且似乎整个儿交托给他，可是她一方面尽管不断地对她那魏玛的神膜拜，竟私自离任去追随那从贝多芬那里得来的新启示，和那年轻的德国浪漫主义的思潮！……经过了长期的踌躇之后，贝婷娜终于和阿尔宁穆订婚（一八一〇年十二月四日），并且就在春天（三月十一日）结婚了。她在两个月后（五月十一日）把这事告诉歌德，其实信中充满了歌德比阿尔宁穆还多。而且无疑地，她那对于阿尔宁穆的恩情比起那对于占据她整个生命的歌德的热情实在不啻一朵极其灰白的火焰。但是（也许他并不自觉）歌德以为被卖了，他感到几分鄙屑。那伤痕其实特别是精神上的。阿尔宁穆，青年的文士，是值得尊重的，无论从才能上或从性格上讲；他对歌德的崇敬和景仰，歌德也很觉感动。但是在心灵的境域里，阿尔宁穆，正如贝多芬——在相当的比例之内——是他的仇敌。不，我错；他并不是歌德的仇敌；歌德才是他的。那在他周围张着的新浪漫主义的潮流使他感到不安和忿怒。他感觉他生命的全座建筑都受到威胁。而且虽然这新时代的青年巴不得跪着受他封拜，他很难掩饰他对他们的厌恶。这厌恶在一封一八一〇年十月的信里非常猛烈地爆发出来，那对象刚好是那高贵而且无辜的阿尔宁穆。他写道：

> 有些时候，他们几乎使我疯了。阿尔宁穆把他的《多罗列司伯爵夫人》(Gräfin Dolores)寄给我，我得竭力自制才不致对他无礼，虽然我很欢喜他。如果我要丢掉一个儿子的话，我宁可知道他失足在娼楼里，甚或在猪栏里，也不情愿他陷溺在近代的狗窝中：因为我很怕这地狱是无可救赎的。

那些永远见他带着奥林匹斯神的宁静的面具的人，对于这暴怒的爆发有什么感想呢？要了解他对于他那时代的憎恶，让我们回看我们的时代，回看目前欧洲的艺术的危机——这艺术是和当时的艺术一样被世界大战及社会动荡抛出了轨道的——回看这一大堆的假疯狂，假理性，假宗教，假诗，回看这淫荡无耻的心灵，在一种狂热的煽动中，从无政府流为奴役，从过度的自由流为过度的专制！丰饶的时代，也许，甚至在它的紊乱和破坏里。从一个快要灭亡的世界达到一个应该诞生的世界的必有的过渡……但歌德知道他耗了多少代价才能占有他生命和艺术的秩序，自然不能不

带着厌恶去目睹这胜利品濒于危亡和崩溃——何况他对于德
国心灵的危险和它的长期的不均衡具有敏锐的观察，并且严
酷地发觉德意志的极端的灵魂所特有的不幸。对着这种种现
象，要他保持着一个勒南（Ernest Renan，1823—1892）[①] 的
讽刺的超然态度，除非他只是一个什么都包揽却什么都不紧
抱的勒南。他是歌德；他所握住的，他必定握得很紧，他绝
不放过丝毫的模糊和偶然。这和平主义者是武装着的。在大
众加给他的阿波罗日神的趣怪的形象下（这形象已经为克劳
尔〔Martin Gottlob Klauer〕的美妙的半身像永远奠定了）他
和阿波罗相仿佛的只是那放逐的神，那孤独的神，那与蛟龙
格斗，却太骄傲了不肯喊出他的挣扎与危险的神，那独自作
战，独自一天天修造他那向光明攀登的神的面目。他是歌
德，那不轻易一笑，把生命和艺术都看得很严重的歌德。那
些带着轻快的心情把他的秩序及和谐摇撼的人，他是不甘心
宽恕他们的。

　　如果那无害的阿尔宁穆已经激起他这些雷火，贝多芬将
怎样呢？

　　歌德的音乐素养并不足以使他看出我们今天很容易见
到（贝婷娜当时早已料到）的：那在艺术上驾驭一切奔放的
元素的不容抗拒的意志。他的音乐素养又适足以（正和托尔

---

① **勒南**　十九世纪法国多才的作家。——译者原注

斯泰一样）看出那奔放而感到恐慌。因为他只听见那狂流，而不听见那 *quos ego !* ……（"我得要！……"）①。或者即使他认出贝多芬是这狂流的驾驭者，总不免觉得对他自己不安稳。大胆说出来罢：他在一切深渊的涯边都感到晕眩。他把那在井口的石沿上手舞足蹈的贝多芬看作疯子，一个终要滚入井底的梦游者。他拨开那伸向他并且要抓住他的疯人的手。

我先写好了这段，然后读到下面的一幕：足以证明我的直觉的准确。

一八一一年四月十二日贝多芬写信给歌德。他的信，谦恭得动人，满溢着爱慕与崇敬。他告诉歌德他不久就寄《爱格蒙》的音乐给他，求他批评：

> 是的，甚至责备于我也有好处，对于我和对于我的艺术。我接受它会同接受最大的赞美一样欢喜。

我们得记住这谦恭的伟人——（谦恭，只对歌德他是这样，对其他的人就只有轻蔑）——去年已经托贝婷娜把他为歌德三首诗作的三支美妙的歌交给歌德，歌德完全没有提

---

① **"我得要！……"** 维吉尔《埃涅阿斯纪》里震怒的海神恐吓那掀动了海浪的狂风的话。——译者原注

起。但贝多芬一句着急或掩饰的怨言都没有。他继续他的呈
献，用同样的谦逊。

　　那封信是由贝多芬的书记奥里华带到魏玛的。他是一个
温雅，可爱，瓦安哈根（Varnhagen）及腊赫尔（Rahel）谈
起时都带着敬意的人。一八一一年五月四日，歌德款待他。
饭后奥里华走向钢琴弹些贝多芬音乐。歌德怎样呢？当奥里
华弹奏的时候，歌德和鲍色莱（Boisserée）在音乐室里不耐
烦地踱来踱去。鲍色莱对贝多芬的音乐也不见得特别好，只
望着壁上龙格（Runge）的画自遣，——这大画家的优美和
创造性是近年来才重见天日的。歌德，一副厌烦的样子，对
他说：

　　"怎么！你不认识这个么？你看！真够令人生气的！又
美又狂，一块儿……"

　　"不错，绝对像贝多芬的音乐，那个人在那里弹
着的……"

　　"正是"，歌德气愤愤道，"什么它都要包揽，又老是
迷失在那最原始的里面……老实说，枝节上未尝没有无限
的美……看罢！……（你简直不知他是指龙格抑或指贝多
芬，因为同一贬谪的评价包围住他们俩。）怎样的鬼斧神
工，这里，那 Kerl（小子）又展示出多大的妩媚与劲健！
可是那可怜的魔鬼在那里站不住脚，他已经完了。还有别的
办法么！谁这样站在跳板上不死就非疯不可；那是无可救

赎的！……"

他沉默了一会。然后，重新爆发道：

"你真想象不到！对于我们上年纪的人，真要变疯的，眼睁睁望着这溶解的世界回到那原始的混沌状态，直到——天知道什么时候？——新的诞生显出来……"

再没有法子把他的思想的底蕴——那隐藏着的悲剧，揭发得更清楚的了。他对于贝多芬的冥冥的恶意后面，实在是那自卫的生活本能，那自己感到被威胁的人的嫌隙。

但是，他究竟是社会场中人，他知道对于礼节，——对于一个景仰他的显赫的音乐家，——对于那曾经在一封五月十一日的信里热烈地为贝多芬辩护的贝婷娜的敦促所应有的行为。七月二十五日，他终于从卡尔士巴特回信，并且非常温蔼有仪。他为贝婷娜说公道话，他令贝多芬赏识一个这样的女辩护士的价值：

那好贝婷娜的确值得你待她的殷情。她带着狂热和极强烈的爱慕说及你。她把那同你一起度过的时光算在她一生中最幸福的时光之内。……

他将感到很快乐，他说，当他回家的时候找着《爱格蒙》的音乐；他相信本年冬天演那剧的时候可以把它弹奏。"这样，我希望准备一个很大的娱乐，为我及为许多仰慕你的人。"他盼望着奥里华预先通知他的贝多芬的探访，并且劝他选择那宫廷及音乐听众齐集的时节来。"你在魏玛一定找着那配得起你的价值的欢迎……但是没有人能够比我更关怀你的莅临，我现在对你诚恳地表示谢忱，为了我已经从你那里受到的许多好处。"

这语气对歌德是再亲挚没有的了，对着一个他只听说过并且艺术又不十分能吸引他的音乐家。我深信这是贝婷娜一个大胜利。

当他在一八一二年正月抄接到《爱格蒙》的音乐那一天，他请了一位游艺的钢琴家白埃纳堡（Friedrich von Boyneburg）当天把它弹奏了几遍。可见他的确努力要了解贝多芬的。我们几乎有理由希望这两个人，无论相隔多远，可以互相携手团结起来。

　　　　＊　　　　　＊　　　　　＊　　　　　＊

但是正在这时候发生了一件意外的祸事。贝多芬在魏玛失掉了他小保姆的扶持。一八一一年夏间，歌德突然和贝婷娜决绝了。阿尔宁穆夫妇被下逐客令。

而就在这时候命运的恶意使歌德和贝多芬会面。

下

　　歌德和贝婷娜的决绝（一八一一年九月）是晴天里一声霹雳。但是，自从一年——自从贝婷娜探访贝多芬并表示出反抗的热忱——以来，雷霆已渐渐积聚起来了。年轻夫妇阿尔宁穆到魏玛来，作新婚旅行。起先是很适意的。他们原只打算逗留一星期，基士梯安娜的妒忌又窃喜那嫁了的贝婷娜没有什么可顾虑了。他们很受殷勤的款待。他们一天到晚都在家里，再不离开歌德了。一星期过去了，他们又逗留了一星期，接着又一星期。贝婷娜的身体要她延长她的逗留。但这不能宽恕她，对于那工作被侵扰的歌德，或对于那不得不带着一种酸苦的厌恶去确认结婚并没有丝毫改变贝婷娜与Geheimrat（枢密使）的灵魂上的调情的枢密使夫人。这两个女人是世界上最不能——我并不说互相了解，——互相容忍的：那好而胖的基士梯安娜，简单而且粗俗（年龄与佳肴使她脸色一天比一天红，身躯一天比一天厚，人也变得越简单粗俗了），那秀丽而且泼辣的贝婷娜，带着她那许多幻灯式的感情与纷纭的观念。二者都是舌锋尖锐，一点也不放过，二者又都是武装着，面对着一个各以为有理由认作自己的所有物的人。她们天天都见面，互相微笑，互相拥抱……她们会很乐意互相咬起来！阿尔宁穆夫妇，和魏玛的居民一样，暗自悲悯这在睡鞋底下的伟人。基士梯安娜呢，忿恨极了，怂恿歌德反对这双不自约束的客人。这两个女人一起参观画展，就在画室里暴风陡然起来了：那简直是一阵飓风。贝婷娜是深谙艺术的，她对那些陈列着的劣画加以严酷的批评。因为组织这次展览会的是歌德的世交，枢密院的顾问官亨利·迈尔（他的艺术趣味和策尔特以及所有歌德的惯常的门下客一样，是有几分霉烂的），基士梯安娜觉得被侮辱了。既不能用一种贝婷娜所擅长的戏谑口气答复，那被积压在她那易于中风的躯体里的忿怒就由些叫喊与手势发泄出来。那为了看得更清楚，点缀着贝婷娜的刁顽的鼻子的眼镜或手眼镜被抢夺扔在地下，碎了。在一群给她的咆哮所招来的好奇的旁观者当中，那被冒犯的夫人对她那惊愕得噤口结舌的情敌下了一个永远不能再踏进她家里的禁令。公开的笑柄，全魏玛都为贝婷娜抱不平。反对基士梯安娜和反对歌德的机会实在太好了，对于后者，那小市民从不曾宽恕过他的丑恶婚姻的。歌德不得不袒护他夫人的主张，于是对阿尔宁穆夫妇下了逐客令。

其实，他对这举动并不感到懊悔！和他们一起，他所辞退的是那浪漫的疯狂。现在，他可以得安静了。安静，和那些策尔特们，林默尔（Riemer）们，迈尔们一起，安静在过去的秩序里。阿尔宁穆在九月杪写信给格林姆（Grimm）说：

　　你们不能想象他在那里生活的不可信的环境，给他夫人和其余的世界完全隔绝，……还有他那对于艺术上的新奇和凌乱的畏惧！真是几乎令人失笑。关于一切新的，他说："不错，这是些很好的趣剧，但并不是为我而设的！"

阿尔宁穆又说：

　　你几乎以为，写自传这工作（他已经开始了一年）使他在思想上忽然变老了似的。

　　歌德的天才奇迹似的弹性不得不为他再找着青春的源泉；那《*West-Östlicher Divan*》（《东西诗集》）的肉感的，新鲜而且热烘烘的春天就要证明出来，一面等候着那最后的《浮士德》以及其中的守候者林谷士（Lynceus）的不朽的歌的飞翔，——这守候者的眼，他的"幸运的眼"是永远不闭的。

　　但是每个这样的更新时期总先有一个表面上沉落的时期，在那里他仿佛是无望地沦没下去的。那伟大的自我认识者在这些时候就得在他周围留下一个空虚。这空虚，他可以得着，并且可以随意玩味，在他那些忠心的 Famuli（助手们）的好意的庸碌里，在他那光鲜，洁净，粗俗，满脸笑容的主妇式的贤妻的彻底笨拙里！但这安静，这舒服，歌德真不知费了许多代价才买得来！那些坚持要在他身上看出"生命的无上的艺术家"的人绝不猜想到这家庭生活底下隐藏着的悲惨，种种的妥协，耻辱的容忍，苦楚的吞咽，而且，到了精疲力竭的时候，那接连几个月远离家庭的出奔……不！这"无上的艺术家"只在艺术上是这样；他的生活，逼近看去，实在引起我们怜悯多于艳羡。

*　　　　*　　　　*　　　　*

于是，无论贝婷娜怎样悲痛，怎样坚持她的爱，怎样努力去接近歌德和忘记侮辱，她终于被逐出魏玛的圈外了。她和她的上帝断绝了信息整整六年。就是恢复通讯之后，贝婷娜也永远再找不着那恼了的奥林匹斯神的恩宠。贝多芬已经没有律师在歌德身边为他辩护了。

而且在这时候他们要碰头！机缘安排了一切，把他们放在一处。

八一二年七月，歌德在卡尔士巴特受他的大公爵邀请立刻赴特普里兹，那奥国的年轻的皇后要在那里和他谈话。歌德便到特普里兹去。贝多芬在那里已经一星期了。歌德并非为他来。但是既然离他很近，说不定是他记起了贝婷娜给他描画的那幅动人的肖像，以及贝多芬曾经表示要见他的热烈的愿望罢，那搜藏灵魂的好奇心战胜了那潜意识的自我的顾虑。他跑去看贝多芬。

特普里兹那时候正充塞着皇帝与皇后，公爵的雄鸟与宫廷的雌鸟们。贝多芬是不受他们的翎毛所眩惑的。他蹙起额头写道：

> 很少男人，而这少数中，绝无超越的……我孤零零地活着——孤零零地。……

就是这时候他给一个八岁的女孩写那封美妙的信，里面有这句有名的话：

> 除了善良而外，我不晓得什么是超越的标志。

但是同一天，在一封写给他的出版者的事务信里，他打断了他正在说开的话，写道：

> 歌德在这里呢！

你感到他的心在跳着……

歌德极大方。他先去看贝多芬（七月十九日，星期日）。像贝婷娜，像许多人，他一见就倾倒了。同日，他写信给他夫人道：

> 我还不曾见过一个更有力地集中的更强劲、更内
> 在的艺术家。

这已经不少了！在他的整个生存里，歌德从不曾这样承认过别人的优越的。

多深刻的观察！那急流似的精力，一种超人的集中的能力和内在的海……歌德的眼，这开向宇宙的大眼，比他的智慧还要自由，还要真，还要透澈，一望便全抓住了：贝多芬的天才，他那无匹配的人格的一切要素。

歌德被迷住了的明证，便是他们第二天（七月二十日）一起散步；第三天，二十一日，歌德晚上又到贝多芬那里。二十三日星期四，他又在那里：贝多芬为他弹钢琴……

但是四天之后（二十七日），贝多芬离开了特普里兹，他的医生命他到卡尔士巴特去；歌德只从九月八日至十一日在那里找着他。他们曾否会面呢？无人知道，十二日，贝多芬又由卡尔士巴特回到特普里兹，歌德却不回去了。于是就此完了。这两个人将毕生不再会面了。

究竟发生了什么事情呢？一个这样慷慨的冲动推他们互相接近！一种不容否认的吸力，最初那几天……然后便是沉

默了。……

我们有两封从贝婷娜处得来的信告诉我们这事的原委，虽然这些信后来颇有疑问，——但据我看来，它们的精神上的准确是可以证实的，根据我下文所叙述的情形，根据另外两封太确凿的信，一封是贝多芬给白莱哥夫（Breitkopf）的（一八一二年八月九日），一封是歌德给策尔特的（一八一二年九月九日），特普里兹的颇雄辩的流言更不必提了。

我努力要平心静气观察这两个人并且把他们的真相，他们的伟大与狭小说出来。天才性格上之有狭小，正和常人一样，或者更多些。而贝多芬，像歌德，实在占有很大的分量。

最初，那最豪爽的，（我已经说过），是歌德。他把手伸给贝多芬。他显出他的天性所允许的最恳挚的态度——他的天性总带着几分掩饰的，除了对于他的艺术和那最严格的深交时。贝多芬并不使他失望：第二天的印象并没有和最初的相抵忤。但是贝多芬的印象却似乎没有那么满意，这诗人，他自小便梦想一只逆风飞翔的大鹰似的，显现给他只是一个 Geheimrat（枢密使），极留意于礼节，极尊重阶级，一个社交家，温文尔雅，高领子，永远提防着，从不肯尽情倾吐；而且，听了他即席弹奏之后（我们知道贝多芬即兴之作是怎样的洪涛汹涌！），很有礼貌地对他说，"弹得很好……"

他弹得很可爱。

无疑地，歌德不知怎样欣赏那音乐好，只恭维那音乐家的手指灵活和如珠的弹奏；他装出很受感动的样子。可是贝多芬所盼望于歌德的美的批评，理性的批评，一句话都没有，因为究其竟，歌德并没有什么感想；他并不了解……

贝多芬爆发起来了……

贝婷娜对我们叙述当时的情景，虽然她并不在场，但贝多芬一出来便气冲冲地跑去告诉她；无疑地，她在那火上添了不少的油。

七月二十三日晚上，贝婷娜偕了她的丈夫阿尔宁穆和姊姊沙韦尼夫人（Savigny）到特普里兹。她并没料到会在那里遇到歌德和贝多芬。这会晤，她从前那么热望着并且那么固执地斡旋过的，竟举行了！而（多伤心！）她竟不能参加！歌德很小心地避开她，尤其是基士梯安娜自远处监视着。她把她那被抛弃的婀梨安娜的怨恨诉给那"音乐的酒神"（她从前曾用这名字尊崇贝多芬），我们是可以想象的，而贝多芬，深感于贝婷娜的妍媚和友谊，对她表同情，也是很清楚的。他那天晚上从歌德那里得来的刺激再没有什么理由缓和下去了，他毫无节制地表示出来。

这就是当时的情景——用最真切的贝多芬的风格写或说出来——在这里面这两位大艺术家显出两种非常出人意表的

不同的态度：因为歌德，在这里，眼含着泪；而贝多芬粗鲁地责备他的感伤。贝婷娜写道：

> 他弹完了，当他看见歌德似乎深深感动，说道："呀！先生，这个，我并不盼望于你——许久以前，在柏林，我开了一个音乐会；我非常卖力气；我觉得成绩还不坏；我期待着喝彩；但是当我用尽了最后一口气之后，不见有最轻微的赞赏的表示！……这真使我太心痛了！我不明白为什么……但不久我便得着那谜语了；全柏林的听众陶铸得太高雅了。他们用那给感情湿透了的手绢向我致敬，当作感谢我。我明白了那与我发生关系的是一个'浪漫的'而并不是艺术的听众……但是出自你，歌德，我实在不欢喜。当你的诗深入我的头脑的时候，我有着要飞到和你同样高的雄心……大概我不能罢……否则你所感到的兴奋就会用别的方式表现出来。你自己总该知道受知音喝彩的愉快罢！如果你不'承认'我，如果你不把我看作平辈，还有谁呢？我得要受知于哪个无赖（Bettelpack）呢？……"

第一次教训歌德！谁曾用过这样的口气对他说话呢？……贝婷娜描写歌德的窘状，"因为他深觉得贝多芬有道理。"（歌德的意见正是一样。一八〇四年他回答一个要为巴赫"而活，而努力，而受害"的青年音乐家的话："在艺术上决谈不到受苦问题。"——很足以证明别的时候他可以给贝多芬同样的教训。——原注）

从那时候起，贝多芬对歌德耿耿于怀，最小的事情也不放过。

他们一起出去。贝多芬挽住歌德的手臂。在特普里兹和田塍间，他们刻刻都遇见些贵族在散步。歌德频频行礼。使得贝多芬怪烦腻的：而当他说起宫廷，说起皇后的时候，总带着"严肃谦恭"的口气。

"唉！怎样！"贝多芬猜猜道。"你不应该这样做；这样做是没有好处的。你应该把你心里的思想掷在他们的头上。否则他们就不注意。没有一个公主会认出勒·达士（Le Tasse，1544—1595）①的，除非虚荣的鞋中伤她。我待他们完全两样。当我教大公爵②钢琴的时候，他有一次使我在前厅等他。我用力敲他手指：他问我为什么这样不耐烦，我告诉他我在前厅丢了许多时间，我再没有耐心可以耗费了。以后他就不再使我等了；我要使他感觉这种愚蠢的举动只足以显出他们的笨拙。我对他说：'你可以把爵位封给任何人，

---

① **勒·达士** 意大利十六世纪的诗人，歌德曾用以做他的剧本的主角。——译者原注
② **大公爵** 指奥国大公爵。——译者原注

他并不因此有丝毫长进。你可以制造一个朝臣，一个枢密使，但你绝对造不出一个歌德，一个贝多芬。所以，你做不到的（而且你跟他们差远了），你得学去尊敬他们！这于你一定有好处.'……"

第二次教训，那阶级制度和社会秩序柱石要怎样皱起眉头来接受呢？……

这时候，在路上出现了皇后，公爵们，整个宫廷，向着他们走来。贝多芬对歌德说：

"留在我手臂里！他们该让路给我们。我们却不。"

歌德并不这样想，贝婷娜说（当时的情景是大众所熟悉的）；他撇开贝多芬的手臂，站过一旁，帽子握在手里。贝多芬却大摇大摆直冲进那些王族们的队伍里，像流星一样。他从中间走过，只用手指轻扶着帽边。他们呢，还有礼地让开，并且都向他行礼，很友爱的样子。冲过去之后，贝多芬站住了，等那鞠着躬的歌德。他于是对他说：

"我等你，因为我尊敬景仰你；你却太使他们荣幸了。"

第三次教训。而这一次，是事实上的教训：榜样夹着言语。这次，实在溢出限度了。无论这责备怎样得当，歌德可不能任你扯他的耳朵，和学童一样！……这贝多芬，他可曾梦想过这社会的拘谨和这被接受的秩序所代表的一切战胜了的试炼，苦痛的经历，以及用很高的代价买来的生活的智慧吗？即使有道理，这样有道理法也是不堪忍受的！

歌德写信给策尔特（一八一二年九月二日）说：

> 我已经渐渐认识贝多芬。他的才能很使我惊异。只是不幸他的性格是完全放荡不羁。如果他觉得这世界可憎，他或者没有错；但是他这样做并不能，真的，令世界更富于享乐，无论为他自己或为别人。他确是怪可原谅，怪可怜的，因为他失掉听觉：这损害他的灵魂本体的音乐部分或者还不及社交部分。他生性本来已经够鲁莽了，他的耳聋更使他变得加倍这样了。

措词是极有分寸的。歌德指摘贝多芬的话，还真是他所做得到的最轻微的了；我们得感激他这公允的精神。请注意这句话：

> 他觉得世界可憎，他或者没有错……

这悲观主义，永远是小心翼翼地箝塞住的！……谁会在歌德身上认出来呢？在那人们用来窒塞住他的刁勒菲（Delphes）①的月桂冠下，在这大家强加给他的阿波罗的面具下，谁曾经看见那厌恶的鼻孔的皱纹，那失望的痕迹和那致

---

① **刁勒菲**　希腊旧都名，以亚坡罗神殿出名。——译者原注

命的严肃，以及一切藏在底里的弱点呢？这个人所以躲避感情，躲避疾病的景况，躲避死的形状，躲避一切世界和自我的大建筑的破裂和不均衡——那幽灵，——那是因为这一切都在他身内；只有他的智慧能够巩固那些水闸，不然他就要被冲没了。这生命的至尊，他知道他的国畿建立在多么柔脆的建筑上，而且这些建筑破费了多少的代价——像古代传说的大匠师一样，他不知藏了多少女人尸体在他那建筑的中心！使用了多少牺牲才买得，并不是他的自私的安静（像一般不能把自己提高到这样的命运的俗人所说的），而是他的作品和造诣的宁静！真的，他并没有贝多芬那么粗壮，那么勇猛，那么强劲。贝多芬永远在格斗；他每步都有所冲突，每步都受伤，但他绝不踌躇，额头向前，他冲进敌人的阵线里。歌德永远不格斗，永远不讨论。他的骄傲，他的弱点，都同意去厌恶肉搏。他绝不委身于他对手——无论他蔑视或爱他们（那是更危险的）。他只有一件武器，一件，永远是一样的：在障碍之前，他逃避，他头也不回地逃避。他抹掉了一切接触，——肉眼的或心灵的。正如他思想的生命是不断的征服，他在人群中的生命是永久的退隐。他避开而且沉默着……但这一切，一个贝多芬是永远不会知道的。谁曾知道呢？而在一切人当中，贝多芬或者是能够了解的最后一个……

贝多芬在这次相遇之后，毫无含蓄地说出来。当然啦，他不像歌德那么慎重！

> 歌德太喜欢宫廷的空气了，多于一个诗人所应有的。别再说那些乐手们的可笑了，如果做全国师表的诗人也可以为了这些幻光忘掉一切！

他这样写给他的出版人。把他的印象交付给些陌生人已经是不谨慎了。但他并不止于此。贝多芬有一大毛病：当他对一个人说了一句伤人感情的话，这句话留在他和他同伴之间还不够，他还要把它传出去。他既给歌德"洗头"（依照他自己的说法）之后，他跑到阿尔宁穆夫妇那里叙述这场"趣剧"，因为，对于他，这不过是一幕趣剧而已："他像孩子一样快活，他这样玩弄了歌德。"试想阿尔宁穆们会把这趣剧掩藏起来吗！他们和歌德的不睦使他们越容易感到歌德的弱点，同时也感到受了他对于宫廷的谦恭态度的损伤，他们在他们从特普里兹写的信里很高兴地说着。如果贝多芬只在贝婷娜和亲友们的范围内饶舌，那还罢了！他却逢人便报告。那趁着热闹季节把商店开在特普里兹的维也纳首饰商约瑟·杜尔克，谁愿意听他便告诉他这贝多芬给歌德开的好玩笑：他们同散步时，每步都有人对他们见礼，歌德带着几分骄意表示他厌恶这些烦扰，贝多芬很俏皮地对他说：

"请大人别这样烦腻罢！说不定是对我呢。"

　　我们可以猜到这老孩子的大笑，开心他刚才对大人的挪
揄：而当他笑饱了之后，便完全忘记了……

　　不错，但是这好玩笑要绕遍了全城，回到接受者那里
呢。况且歌德并不笑。他的亲近，他的步兵们，更不用说
了……前一年，贝多芬和那年轻的中校瓦安哈根以及他的
"热情"腊赫尔结交，腊赫尔的姣颜是令他想到另一副他极
钟爱的面目的。在德意志的奥林匹斯山上，如果贝婷娜是那
大胆的希贝（Hébé）①，坐在膝上，像蜜蜂般啜着宙斯的杯，
腊赫尔就是那密纳尔华（Minerva）②从天帝的头上生出来，
在帝座脚下守卫着，紧锁着眉头监视着，不容有丝毫的狎亵
的。自从贝多芬渎犯了天帝的威信，腊赫尔和瓦安哈根再不
认识贝多芬了。腊赫尔在她的日记里再也不提起他了。

　　　　　　＊　　　　　　＊　　　　　　＊　　　　　　＊

　　缄默！致命的武器。歌德的大武器。他曾把这武器教给
他的密纳尔华，他也缄默起来了，他长久不再提起贝多芬
了。一八一三年，策尔特（终于！）发现了《爱格蒙》的序
乐了，他对歌德说起。歌德不作声。而那渐渐找着了他的大

――――――――――

①　**希贝**　希腊神话中青春的女神。――译者原注
②　**密纳尔华**　希腊神话中的智慧女神。

马士革（Damas）之路 ① 的策尔特决不是那能够将一种他明知歌德不喜欢的钦羡强加给歌德的人。

只有一个人能够，有美与爱的权利：就是《东西诗集》的苏拉卡（Suleïka）—— 玛利安娜（Marianne von Willemer）②。当她的老情人把那给一个平庸的音乐家谱成音乐的《东西诗集》里的小歌寄给她时，她大胆对他说：是的，这也许并不怎样坏，但是……

> ……如果我要忠实，我就很希望贝多芬为这些显赫的诗作曲；他完全了解它们；否则谁会了解呢？我去年冬天深切地感到这层，当我听见《爱格蒙》的音乐的时候：那真是天上的；他完全贯彻了你的深意。是的，我几乎可以说，那燃烧着你的诗句的精神同样地激荡着他的旋律。

歌德很聪明很委婉地回答，说诗的乐谱往往只产生一种误会，诗人很少被了解的，人们只能够认出作谱人的情调。他接着道：

---

① **大马士革** 原是叙利亚首都，路易第七和龚拉特第三曾屡攻不下；大马士革之路是"顿悟"的意思。——译者原注
② **玛利安娜** 歌唱家。歌德把《东西诗集》献给她，称她为苏拉卡。

　　……不过，我也曾见过许多宝贵的作品，往往反映出你的影子，或放大或缩小，很少清楚玲珑的。贝多芬，在这点上，的确造了不少的奇迹……

　　这赞词是暧昧的！似乎歌德在贝多芬的作品里看见自己如在一面放大镜（要不是在一个花园的圆球）里！

　　玛利安娜并不满足。翌年，她又重新努力。关于春之归来，她写道：

　　　　如果你想使你心内新春的感觉更强烈，找一个美丽的嗓子为你唱贝多芬的《给远别爱人》（A l'Entfernte）那几支小歌罢。我觉得那是不能再超越的；我们只能把它和《爱格蒙》的音乐相比……但是得单纯动人地唱出来，而且要弹得很好……我多么想知道这使你得到快乐并且想知道你的意见呵！……

　　他的意见如何，我们将永远不知道。但是从一八二〇年至一八二一年歌德对于贝多芬的名字所表示的比较妥协的心情甚或敬意，我深信是这慈蔼的妇人的功劳。不错，他并不接受他的艺术。但他不再用一句轻蔑的话把它撇开了。他曾经努力要了解，虽然这努力并不久，并不彻底（但我们得承认这点）。

当约翰·基士梯安·罗伯（Johann Christian Lobe），一个羞怯却有坚信的勇气的青年，敢对他恭敬地说出（一八二〇年四月）策尔特的音乐之不足和它的"陈旧的"（让我们说"化石的"）性质，以及新时代对于贝多芬和韦伯的音乐之爱好时，歌德请他说出他的理由；罗伯很聪明地对他解释道：

> 在策尔特的歌里，音乐的伴奏只是一种在和声及节奏上单纯的音程。现代作曲家却把它提高到情绪的辅助语的地位。如果歌德试找人独弹策尔特一支歌的伴奏及低音（Bass），没有了旋律，他就很难在那上面发现那和情感的最纤细的契合，反之，在贝多芬和韦伯的歌集里，你在伴奏里就已经感到情感脉搏的跳动。这还不过是艺术的一种咿哑而已。终有一天音乐将达到那部分伴奏对于情感的表现都有特殊贡献的境地。

（这岂不是瓦格纳式的管弦乐自一八二〇年便预告出来了么！）

歌德低着头，默默倾听着。然后跑近钢琴，把它打开并且说：

"试举一个例。你刚才的推论，如果是对的，你应该能够用事实来证明。"

　　罗伯先弹策尔特一支歌的伴奏，再弹《爱格蒙》里这歌：«*Trommeln und pfeifen*»（《大鼓与笛子》）的伴奏，然后又弹那两支歌的旋律。

　　无疑地，歌德并不心服，并不太容易满足于这唯一的，初步的，也许弹得不精致的例，便抹煞那些新的趋势了。但他能够虚心求教已经很难得了。虽然缺少实验。那原则已经引起他的兴趣了。

　　几个月后，一八二〇年九月杪，歌德接待那从柏林来的音乐家福尔士特（Foerster），他把贝多芬为爱格蒙在狱中的一段独白所作的音乐的十足准确和那《浮士德》一段独白谱成音乐的拉支威尔（Radziwill）王子的诠释上的谬误相对照。他很动人地把爱格蒙的独白背出，接着说：

　　"这里，我暗示出音乐应该伴着那英雄的假寐。贝多芬竟用一种惊人的天才完全领会我的命意。"

　　翌年，诗人莱尔士达白（Ludwig Rellstab），贝多芬的仰慕者，与歌德谈话（一八二一年十月杪）：

　　　　我们常常谈起贝多芬，他曾亲身认识他。他有许多贝多芬的笔迹，很以为荣。这次，他请了那施密德参议来为我们弹了贝多芬一支奏鸣乐。

　　由此看来，贝多芬的音乐并不被逐出歌德的客厅，像一般人所常说的。还有第二个例子：

莱尔士达白第一次探访后几天，一八二一年初，歌德请了许多客人来听那刚十二岁的小门德尔松 ① 弹奏：莱尔士达白用一枝极生动的笔写当晚的情景。当那童子弹奏及在琴上即席创作完了，大受众人赞赏之后，歌德拿出几本宝贵的手写本来：

"现在，当心啦！在这里你将不行了！……"

于是他把贝多芬一支歌的手写本在琴台上打开。那笔迹是差不多不能辨认的。门德尔松大笑起来。

歌德："试猜是谁写的！"

策尔特负气似他说："就是贝多芬！他老是像用扫帚的柄子写的。"

小菲力士（门德尔松）惊愕得沉默起来了：一种骤然的严肃，不仅是严肃，"一种神圣的惊异"，眼光凝定，紧张……慢慢地，一片惊异的光溢于眉宇，当那崇高的思想，那美的太阳渐渐从那笔迹的混沌里透露出来的时候。歌德满脸闪耀着喜色，眼睛紧盯着他。很性急地不让他有沉思的工夫：

"嗄！你看，你看，如果我不告诉你，你就会上当了……好，试试看罢！"

---

① Felix Mendelssohn（1809~1847），德国作曲家。

　　菲力士开始摸索，停止，高声修改他的错误，弹到底，然后才开始一口气弹完了全曲。整天晚上，歌德浸在快乐里，把这事对来客谈个不休。

　　可见一般人所说贝多芬音乐被贬逐出魏玛的家是多么言过其实了。歌德自己觉得和贝多芬那么没有嫌隙，当一八二二年法国小提琴师亚历山大·布谢（A. Boucher）用尽了他所有的介绍信都见不着贝多芬之后，求诸歌德，歌德给他一封短简，贝多芬的门立刻开给他了（一八二二年四月二十九日）。

　　然则，当贝多芬在一八二三年贫病交困，很虔诚地写信给他，求他设法使魏玛大公爵预订他那 *Missa Solemnis*（《庄严弥撒曲》）的乐谱时，怎样解释歌德的可怕的缄默呢？我们读到这哀恳书不能不感到羞惭，并不是为贝多芬，而是为那接收这恳求的人：因为眼见一个巨人屈辱是一件难过的事。多么动人的努力去使歌德关怀他的家庭生活。关怀他那十六岁的侄儿！（他很骄傲地夸张这侄儿的学问和希腊文智识，"但是，教育一个儿童，所费是很大的！"）他对歌德怀抱着怎样的敬爱，对于"他在歌德身边所度过的幸福时光"多么颤动的回忆，怎样的景仰，爱慕与崇敬因他那笨拙的说法而越显得动人，而尤其是，怎样的害怕这对于歌德的爱慕的表示以及那两件大作品：*Merresstille*（《海上的死静》）和 *Glückliche Fahrt*（《一帆风顺》）的呈献会被人猜疑他动机不纯正！一个慷慨的人似乎不忍心让这忧虑的荆棘留在这颗信赖的伟大的心里二十四小时罢。似乎他的手臂应该张开，而且，即使对于 *Missa Solemnis* 发生兴趣，一个歌德也应该对贝多芬这样说罢：

"谢谢你信赖我，别要道歉了！在我面前屈辱你就等于屈辱我。"

歌德永不回答。——对于这，他的仇敌找着一个方便的理由：因为他是"坏人"。他的崇拜者呢，感觉困难，藉口他身体有病，避开这问题。

在这一八二二年二月里，歌德病得很重，这是事实。但是我们且逼近去审察当时的情形罢！

贝多芬的信是二月十五日到魏玛的。从十三日起，歌德觉得不舒服。十八日，病势骤增起来了，凶猛，危险，像歌德一生中所常遇到的极严重的生死关头一样。不过大概都很短促。整整八天八夜他不离开他的安乐椅，发烧，呓语。那两个调治他的医生都怀着极不祥的疑惧。他自己喊道："你们救不活我的！死神窥伺着我，到处都有他站着。我完了……"但是他挣扎着。到了第十天，他的复元由一阵对医生们发的狂怒表现出来。医生禁他喝一种饮料。他喊道："如果我命该死，我要依照我的死法！"他喝完，便觉得舒服些了。那个月还未终结，他提到他的病已经像一件过去的事了，重新抖擞去生活了……于是，又是怎样的熠耀呀！

　　他已经七十五岁。他钟情于一个十九岁的少女乌尔梨克（Ulrike de Levetzow）。六月和七月他在玛利安巴特（Marienbad）和她一起，爱情使他颠倒得像一个青年一样，为了一点小事便淌眼泪，音乐可以使他融成泪人。一个月的分离他已经忍受不起了。九月他在卡尔士巴特和乌尔梨克以及她的家人一起；这年逾古稀的老人竟和那些年轻的小姐跳舞呢！我们且莫非难他衰老！他的痛楚所启发的那首热烈的伟大的挽歌是一件崇高的艺术品：同时具有《少年维特之烦恼》的热情和成熟，是艺术杰作的两重丰满。他活在风涛里，又把风涛散布在四周。在家里，那是许多不堪的争吵；他儿子知道那老人要结婚的暴怒。他的求婚给乌尔梨克的家人很聪明地拨开了。歌德非常痛苦。快到年底时候，一场严重的病又把他推倒了。家里没有一个人服侍他。策尔特无意中到来，看见他的老友被抛弃的状况大吃一惊。这两个老人相抱互诉衷曲。歌德诉说他的痛苦。人间幸福的最后的好梦碎了。他得要回到那捐弃与死的寂寞里。"如果歌德这时候死去，"路微希（Emil Ludwig）写道，"他就是被征服而死了。"

　　多谢天，他还活下去，他在痛苦的冰窖里为自己筑了一座梯，以直达他从未攀到的高峰。

　　但是我们由此便知道如果二月里的病不足以原宥他对于贝多芬那封信的遗忘，这一年的簸荡，他那紊乱的心的发烧似的柔弱，便可以解释在这惊风骇浪中贝多芬的呼吁会像一支禾秆般消失了。当然我们总可以说这热烈的自私性缺乏慈悲的源泉，使他由抚慰别人的不幸而得到对自己的不幸的高贵的慰藉。但是当这反映着全宇宙的自私性是一个由光明的智慧和美丽做成的世界的基本原则，谁敢贬责呢？不如责备太阳的璀璨的淡漠好了！

我要保留我的严厉给那忠心的但没有勇气的伴侣：策尔特。"庸碌"不能有天才的宽恕：如果它不善良忠诚，它还有什么呢？况且他自己也接到这呼吁并且懂得这呼吁的悲惨性，他自然更有提醒歌德的义务了。自从　八一九年他和贝多芬相遇之后，他对他的情感完全改变了。外貌虽粗鲁，底里其实是头等好人的策尔特被贝多芬的慈爱和肉体的不幸感动到流泪了。从那天起，他对他怀着一种兄弟似的挚情，他订购《庄严弥撒曲》的预约，他把他那由一百六十个嗓子组成的全德国最好的歌咏队交给贝多芬使用；并且常常在他的音乐节目单上列入那个他今后用来比拟米珂朗琪罗的人的作品。

但是——人类可哀的怯懦，——他竟不敢对歌德提起《庄严弥撒曲》。而贝多芬死的时候，策尔特偷偷向那逝世的半神膜拜，却不肯冒险在歌德面前唤起贝多芬的影像。据说整整一年他们之间并没有一次提起贝多芬的名字。

这样的缄默！多可怕，多不仁！……但是谁不知道歌德曾经屡次用以掩盖死——他最亲近的人的死和他的思想的秘密——像一块墓石一般呢？六十岁那年，他对林默尔说：

> 只有那最受他的感觉指挥的人能够变成最冷酷最
> 无情。他得穿起很厚的铁甲，以避免那粗糙的接触。
> 而往往这铁甲又怎样地坠压着他呀！

对于歌德，抑制是一种自卫的本能，它那异常的束缚有时隐藏着焦虑。他的天才的自主力把它化为他最动人的抒情的活力，他整个天性是一件为思想和艺术的工作牺牲的工作。他抑制他的痛苦，他的爱，和他的恐怖：（谁比那勇敢而狂热的浮士德，那魔鬼的龙犬在他四周划着灵巧的圈儿的浮士德有更多的恐怖呢！……他老年的时候，那象征的龙犬再不离开他脚步的影子了。）

我有一封歌德给亨布尔特（Wilhelm von Humboldt）的信，是一八二六年十月二十二日贝多芬未死前几个月写的。亨布尔特想克服他的朋友对于印度思想所持的疏远态度。歌德回答他说：

> 我绝对没有什么反对印度；但我怕它：因为它把
> 我的想象拽向无形与畸形，这是我现在比什么都更要
> 防御的。……

> "……这是我现在比什么时候都更要防御的……"

永远地，而且越接近死越厉害，这对于深渊的吸引与恐惧！

对于歌德，贝多芬就是那深渊！门德尔松所叙述的那场大家都知道的情景可以启发我们。我们在那上面看见那老人的不安，以及他藉以禁锢那些粗野的幽灵的狂怒的抑制——这些幽灵，六十年后，将要颠倒那《献给克雷澈底奏鸣乐》(*Sonate à Kreutzer*) 的老托尔斯泰 [①]……

那是一八三〇年，贝多芬死后三年：

> 每天午前，我得依着历史的次序为他弹奏一小时各大音乐家的作品……他坐在一隅阴暗的地方，像一个霹雳的宙斯一样；他的老眼闪着电光。他不愿意听人提起贝多芬；但我对他说，我也无可奈何，并且为他弹了《第五交响乐》(*Symphonie eu ut mineur*) 第一节。这很奇怪地摇撼他。他最初说："这丝毫也不感人，只令人惊异罢了，真宏伟！"他还这样沉吟了一会；然后，沉默了许久，再说道："这真伟大，简直是疯狂的！你几乎怕这屋子要倒下来：假如现在所有的人一齐合奏起来呢！"……就是入席之后，在各种谈话

[①]《献给克雷澈底奏鸣乐》 贝多芬的杰作之一，托尔斯泰在他的艺术论里很严酷地批评它，故云。——译者原注

中，他又开始喃喃着……

他已经受了打击了。他应该说："击中了！"但是拒绝去承认。为要完成他思想的命运，他逼不得已要使计。

　　　　*　　　　　*　　　　　*　　　　　*

结论是这样：

这两个人：那狂热而且往往立脚不牢的狄安尼梭斯似的贝多芬和那阿波罗似的歌德比较起来，歌德是蕴藏着更多的精神弱点的。但是心灵的力就是认识它的弱点并且划定了它内在王国的界限。贝多芬的疆土是那无垠的天空，他的眩人的吸力，他的豪侠和他的危险就缘于此。那接踵而来的音乐世纪就陷于这危险了。独瓦格纳有那把从《术士的徒弟》们手里，跌出来的王笏 [①] 重新握在掌里的力量。

但贝多芬从来不曾想到他所放纵出来的这些危险。他也不见得明白。（让我们希望他完全没有想到！）那使他不得接近他在世界上最崇拜的人的秘密拒力。我们可以想象歌德的固执的缄默和不回答他的信会使他怎样伤心。虽然他那暴

---

① **跌出来的王笏**　引用歌德《术士的徒弟》（*Der Zauberlehrling*）一诗的典故，诗中叙一术士的徒弟趁术士外出时施法术，挥使幽灵为他取水，但只知召来而无法遣去，以致全屋几为水所浸没，暗寓一切能纵不能收的危险。——译者原注

烈的性格不能忍受人家——即使是国王——有丝毫对他不住，他对于歌德的不可思议的态度却没有一点儿嫌隙。连半句怨言都没有。在他的一八一九年《谈话录》（*Cahiers de Conversation*）里，我们可以看见一个和他对谈的人想在他面前诽谤歌德：

　　　歌德不该再作诗了。他会和那老了的歌者有同样的不幸。

　　大概贝多芬猛烈地打断他并且抗议罢：因为那个人赶快谢罪并写道。

　　　无论如何，他依然是德国第一个诗人。

　　特普里兹的日子并没有消灭；但是贝多芬所留住的只有光明了。肖像上的黑影完全消散了。他已经不记得那些弱点了；至于他自己的戏谑和揶揄——他也完全天真烂漫地忘记了。只有歌德的光荣与仁慈铭刻在他心里：

　　"你认识那伟大的歌德吗？"他听了骆里兹（Rochlitz）一句话便喊起来。他拍着自己的胸膛并且满脸闪耀着快乐。"我也认识他呢。我在卡尔士巴特和他相识，天知道多少时候了！我那时候并不像现在这么聋；但是我已经不大容易

听见了，这伟人多么耐心待我呵！……这令我觉得多幸福
呵！……就是为他牺牲十次性命我也情愿……"

　　　　　　　*　　　　　*　　　　　*　　　　　*

　　就是这样，这两个人互相从身边走过，却没有看见。一
个爱得最深的，只知道伤那个的情感，那个呢，最能理解
的，却永远不认识那最接近他的最伟大的，他的唯一平辈，
唯一配得起他的人。

　　那临死的贝多芬像老李尔王在病榻上这样写道：

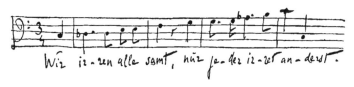

　　我们大家都错，不过错法各不同。

歌德的缄默

"缄默！致命的武器。歌德的大武器。"关于歌德和贝多芬在特普里兹相会之后，就是说，自一八一一年迄贝多芬之死，歌德对于贝多芬的态度，我在一九二七年这样写着。

以后，我对这问题曾作进一步的研究，而且，关于歌德这十五年间（一八一二年至一八二七年）的音乐生活既得到更确切的认识，我曾试去更进一步探讨这缄默的深渊。这里便是我从这新探讨带回来的东西。

在许多新事实当中，最重要的是这个：

在这十五年间，歌德在魏玛手头上有各种方法可以得到贝多芬本人和他的作品的消息。而且我们有理由相信他常常得到。

自一八一三年起，歌德常有一个很优越的钢琴家许慈（Joh. Heinr Friedrich Schütz）在身边。那是一个很亲近的朋友，在距离魏玛三小时路程的伯尔卡（Berka）浴场当视察员。他们过从很密；许慈为他弹奏许多德国大音乐家的音乐，常常接连几个钟头之久。诚然，他特别是巴赫热烈崇拜者，并且把这热情给了歌德。但他有时也弹贝多芬的音乐。

另一个常到歌德家里的朋友却整个地，专一地献身于贝多芬。我在前文已经提起过：就是那国家枢密院参议施密德（Friedrich Schmidt）。这个温和可敬的人是贝多芬音乐的一个狂热的传道师。他作了许多十四行诗，每首都奉献给贝多芬的一支曲。他把他的奏鸣乐都背诵出来，而且几乎专弹他的作品——无疑地（根据希勒 Ferdinand Hiller 的回忆），"理解多于技巧；而且对他的老师或许不是最有效的宣传。"无论如何，我们得记住歌德从来不曾表示过不愿意听他。

　　一八一七年，魏玛来了一个重要的音乐家，当宫廷乐队长的胡穆尔（J. N. Hummel）。他是当时最有名的钢琴家。四十岁的年纪，他曾经侥幸地做了两年莫扎特（Mozart）的唯一的学生，又是贝多芬的朋友和对手。他们自一七八七年便相识。那时胡穆尔只有九岁，贝多芬十七岁。一八〇二年左右，他们曾经在维也纳竞技；车尔尼（Karl Czerny）曾经记载这次把全社会分为两派的比赛。这两个敌手的即席弹奏都一样的迷人。但是他们的造诣却很不相同。胡穆尔是趣味与雅典的大师，艺术清明而且纯正。我们可以想象弹莫扎特的音乐再没有比得上他的。贝多芬却以幻想的飞越，声调的雄劲和那对于奔放的力量的激昂与驾驭取胜。这实在是这两位琴师的荣耀，他们的对衡并没有损害他们的友谊。间中自然也不免发生多少误会，这时候贝多芬就把那充满了恶骂的信冰雹似地降在他的朋友背上，可是即晚或翌晨便又大声把他叫回来，拥抱他了。胡穆尔永远保持着他的好脾气。一八〇四年至一八一一年，他在埃申城（Eisenstadt）的爱司特哈

忌（Esterhazy）王子家里代理，随后即承继海顿的职位，当
一八〇七年贝多芬到埃申城来导演他的《弥撒曲》时，胡穆
尔听了他的王子喊道："但是，贝多芬！你给我们创造了些
什么呢？"——不禁露出一些调侃的微笑，贝多芬便把他不
能降在王子头上的雷霆都间接对他爆发出来。那不会说笑的
老实的荀特烈便以为他们永远决裂了。其实他们几乎一丝嫌
隙都没有，试看一八一三年至一八一四年，当演奏《维多利
亚之战》（La Bataille de Vittoria）的时候，胡穆尔很快活地
在他那好战的朋友的音乐队里指挥着战鼓和大炮，而这从后
者对他喊出些滑稽的拿破仑式的宣言便知。胡穆尔始终是忠
心的朋友；他刚得到贝多芬最后的痛耗，便由魏玛赴维也纳
去坐在病人的枕边。我们回头等一会在那里会再遇见他。然
则贝多芬在魏玛能够有一个更显赫的代表吗？不错，我们常
听说那时候的琴师只习惯弹自己的作品，但这并非没有例
外；而且，毫无疑义的，对魏玛的社会，胡穆尔简直是一个
关于贝多芬的记忆的宝藏。说他不曾对那时常和他见面并且
受他的音乐魔力所迷惑的歌德谈起过，实在难以入信。歌德
永远是聪明地重视专门人才的意见的：即使他不同意，也不
能不把胡穆尔对于贝多芬的高贵的评价记录下来。

　　后来一八一九年夏天，他的阿沙特——策尔特——到
维也纳去：他在路上遇到贝多芬；因为他的粗暴的外貌其实
藏着一颗很好的心，贝多芬的肉体的不幸竟感动得他流泪

了；这两个粗鲁的伴侣互相投到怀里去……

　　　　我几乎不能止住我的眼泪……

　　从那刻起，策尔特无时不愿意为这不幸的天才效劳；贝多芬对他表示一种动人的，也许超过那效劳的实际的感激。

　　成群高尚的宾客接踵来到歌德家里，音乐家，骚士，权威的批评家，都是曾经认识贝多芬本人并且留下许多他们和他谈话的很好记录的：——汤马士捷（W. Tomaschek），一个把歌德的诗谱成歌的音乐家，——莱尔士达白，《月光曲》（Claire de la Lune）的未来的义父，——尤其是骆里兹，当代的第一位音乐学者，歌德的三十年老友和通讯笔友。曾经那么高贵地说及贝多芬，贝多芬又曾经在一八二二年时代向他私诉他对于歌德的无量的爱。

　　但还有呢；我得重新述说这悲惨的一八二三年，这年那受命运抨击的贝多芬在那封我曾经征引过的谦逊的信里徒然叩歌德的门，那在爱与死的掌握里的歌德却似乎毫无所闻。我在第一幅画里还未曾把这几个月的悲壮性充分显露出来——在这无限哀愁的几个月里，"一切对于歌德都仿佛丧失了，"连"他自己都丧失了"。仿佛命运有意要把那令歌德充耳不闻贝多芬的呼吁的误会显得更可笑似的，歌德从来没有比这年更易受音乐感动和放任情感的！——而正是在这年里他把贝多芬关在门外!

　　他那对于十九岁少女乌尔梨克的爱不过是那焚烧着他整体的热病的一个症候而已。在玛利安巴特，这热病从音乐吸取它的营养。无论在他一生的任何时期，声音的艺术从不曾这么猛烈地支配着他。他简直神魂都颠倒了。两个妇人，两个伟大的艺术家摇撼这颗老心比那无害的乌尔梨克厉害得多了；就是那贝多芬的梨阿娜（Leonore）——安娜·哈柏曼（Anna Milder-Hauptmann），歌德听了她唱那最简单的小歌也不能不流泪的。尤其是那波兰女钢琴家，一个三十五岁的迷魂的仙女，玛莉亚·西曼那士卡（Marie Szymanowska），"那音乐国里的全能女王"（die zierliche Ton-Allmächtige）。

　　她是维系心中幽灵的奥菲尔（Orphée）[①]，让我们祝福她的手指，祝祷她的名字永受崇敬罢! 那倒在热情的重量下的老头子所以能够重新呼吸，创造的泉源所以能够重新在他里面溅涌，就全仗她。她将永是歌德圣庙里的音乐女神。他的感激马上由一首他在一八二三年八月十六至十八日为她写的奇妙的诗表现出来。

和　解

　　热情带来了痛苦! 谁将抚慰那丧失了一切的苦闷

———————————

①　**奥菲尔**　希腊神话里的音乐家，能以音乐役使禽兽木石。——译者原注

的心？匆匆飞逝的时光安在？至美丽的命运枉向你降
临！心灵错乱了，神志又昏迷！那庄严的世界呀，它
怎样地逃脱你的怀抱！……

　　忽然浮来天使翅膀的乐音，万千歌调在空中缭绕，
渗透了你灵魂的四隅，使它洋溢着永恒的美妙……
眼儿湿透了，在崇高的怅望里，认出了歌吟与眼泪的
至宝。

　　于是那苏醒的心突然发觉它仍旧活着，跳动，跃
跃欲跳，去感谢它所接受的深厚的恩赐……于是便启
示了——啊，但愿永远这样！——那音乐与爱情的两
重福乐！……

音乐从来没有在歌德里面获得一场这么美好的胜利的。

　　但是，在一八二三年夏天，音乐简直把他浸没了。用不
着美尔德和西曼那士卡的艺术女神们……光是那旷场上轻步
兵的军乐便足以感动他，颠倒他了。他很为这忧虑，他没法
对自己排解；你几乎以为他为这害羞和害怕；在他对他的策
尔特的自白里，他仿佛为自己道歉似的……“我不听音乐，”
他写道，（可是他错了，否则有意记错）“已经两年了……
忽然，它迎头撞来，惊醒了那沉睡着的群蜂……这太厉害
了……我绝对相信如果我赴那音乐学校的音乐会，一开始奏
演我便不得不离座了……呀，我常常想，”他接着说，“如果

我能够每周听一次像《唐璜》(*Don Juan*) ① 那样的歌剧，那是多么幸福呀！我衡量着那缺少这种超出我们自己之外和世界之上的享乐的痛苦。那是多么美，多么需要呀，如果我能够常在你身边。你会医好我这病态的兴奋替代这些的，我只看见一个没有声音无形体的冬天之来临，我真不寒而栗了。……"

这被禁锢在他的冰冻的寂寞里的伟大的老人！谁听了这自白不感到他那被刺伤的心呢？……但谁禁锢他呀？什么古怪的戒惧使他不敢走出他的牢狱呀？全德国都充满着邀请他的朋友。在柏林，那忠心的策尔特渴望他莅临已经二十年了……全柏林，宫廷，社会的精华，以及那些浸在策尔特和莱安哈德的小歌中的，并对于他的名字的眷恋和崇敬里的群众，都引领、期待着他。他并不去，连维也纳他也不曾见过！他戒备着……戒备谁呢？幸福吗？光荣吗？大众的视线吗……呀！他多么不敢自信呀！……但他认识自己！我们看见他用他的本体雕成怎样的一件杰作！我们且别和他争论他的手段罢！他是一个智者。他知道他得要戒备的深渊……

于是他带着一颗冰冻的心回到他那图岭格的避寒港去。他呻吟着说他只能够蛰伏在他的岩穴里，瑟缩地期待夏天的归来，使他可以在波希米亚重新找着那唯一值得过的

———

① 《唐璜》 莫扎特的作品。——译者原注

生活……

当那仙女，那雪的嫦娥，西曼那士卡突然在十月二十四日出现的时候！……

接连十二天的陶醉。十二天完全献给那对于美丽，温情和音乐的圣洁的感情。她临去的前夕，他在席上临时说出一番奇妙的欢送词。那用以赞扬这女来宾的虔诚的感激的声调便足以表出他在她身边和听了她的灵妙的弹奏所感到的快乐的深度……

但是人们并不注意得够在这些圣洁的宴会里，贝多芬有他的份儿，而且是很宽裕的一份。十月二十七日，在歌德家里演奏了贝多芬的一支三重奏曲。十一月四日，在市政府专为庆祝西曼那士卡举行的音乐会，贝多芬出现了两次：是他用他的《第四交响乐》(*La Quatrième Symphonie*)开始那音乐会，休息后，还是用他的一支五重奏曲开始第二场，然则他已经占有那主要部分了。而且歌德虽然没有提到他的名字，已经对克尼柏尔承认，说"他现在既重新被牵进声音的漩涡里"，这迷魂的仙女为他开辟了一个新世界：他从前所极反对的近代音乐。

我们要测度那摇撼这颗老心的感情的猛烈力量吗？——十一月五日晚上，西曼那士卡辞行。歌德拥抱着她，一声不响。许久，他定睛望着她慢慢走远了。他对参事官穆勒说：

"我要感谢她的多着呢……她把我还给我自己。"

因为过度地疲乏，他很早就睡了。次天，他病了。他的心已经被夺去了。他咳嗽得很厉害，痉挛，喘不过气来，他一度和死接近了。接着那几天又献给《热情》（*Leidenschaft*）——献给《挽歌》（*L'Elégie*）。——他整个儿浸没在里面。他逢人便说，他对爱克曼读它，对宁布尔特读它，一面抗议着他生时决不把它发表（十月十二至二十三日）。他又害怕又骄傲，像大力士赫拉克勒斯和勒尔纳的七头蛇格斗一样。他对爱克曼说（十一月十六日）：

当我陷入这种境界的时候，无论如何我都不愿被拉出来；现在呢，无论怎样我也不愿再进去了。

但是他这样说，因为他摆脱不掉。这兴奋的固执使得他全家都天怒人怨，和他疏远了，他的病体因此更严重起来。他在生死之间挣扎。当十一月二十四日策尔特来到的时候，他以为入了一间有丧事的人家，大家说话都低声得和在一个死人的屋里一样。给恐慌所冰冻，他急忙跑到他的老友处，发现他全身都浸在爱和青春的痛苦里。他和他住了二十天，静听他的衷曲。这粗鲁的伴侣知道怎样找到壮烈的话对这苦恼的人说。他知道怎样去强逼这伟大的老大哥去审视，去抚爱他的痛苦，使它丰饶。他使他明白那分娩的神圣的果就在

《挽歌》里。他们也谈音乐。策尔特对他叙述海顿作了许多快乐的弥撒曲，当别人觉得奇怪的时候，回答道："我每想起上帝，我便有这么不可言说的快乐！……"——于是那眼泪，那善良的眼泪又流在歌德的颊上了。

十二月十三日，策尔特告别了，歌德也重新挂起他的生之颈链了。

我们看见他怎样地受挚爱，感情和忧郁所摇撼，这一年的歌德，——他怎样地受音乐的魔力所支配！然而我不应该说，像我从前说过的，在这数个月的风涛里，贝多芬不得不像一根禾秆似地消灭了。其实贝多芬的精神也在这暴风雨中歌唱罢。

更奇怪的是：歌德度过了这死亡的关头之后，永远不提起他。

现在死可来找着贝多芬了。

一得到贝多芬病危的消息，胡穆尔，魏玛宫廷的乐队长，歌德所敬爱的朋友，便马上动身去和那伟大的伴侣告别，他把他的太太和一个名叫希勒的年轻的门徒带到维也纳去，——对于这后者歌德是常表示一种慈父的挚爱的。他们还来得及看见贝多芬完全清醒，很快活地和他们一对老夫妇会面。他们互相拥抱，他们谈天，胡穆尔和希勒先后探访了他四次（一八二七年二月二十八日，三月十三日，三月二十日，三月二十三日），每次他们都看着他的力量渐渐减少，太阳渐渐沉下去了。最后一次，那可怜的人已经说不出话了；他的两腮在这最后的挣扎里拘挛着，胡穆尔夫人低头用她的手绢揩去那临断气的人的汗，贝多芬的表情抓住了那小孩希勒。四年后他写道："我永远忘不了他的破碎的眼睛抬向她那感激的眼光。"二天后他便死了，胡穆尔亲自送葬。四月九日，他回魏玛去了。他再见歌德……

什么都没有……歌德不问什么……歌德一句话都没有说……

什么都没有吗？　——有的！这就是他所说的！他的唯一的一句话——经过一年的思索之后：

一八二八年，在他那为波希米亚美术馆月报所作的报告里他写道：

> 我们得提及汤马士捷的《安魂弥撒曲》(*Riquiem*)，关于这受欢迎的音乐家的最近的创作我们将在别处作更明显的报告，——同样，我们将很恭敬地述及那为贝多芬举行的教堂的丧礼（在布拉格）。

贝多芬的名字从他的笔下夺出来……"恭敬地述及……"

这就是歌德的全集中唯一提到贝多芬的地方。

＊　　　　＊　　　　＊　　　　＊

Nil Mirari……（不要惊怪……）

无论我们感觉怎样，让我们努力学他，这歌德：——试去了解他罢！

在我们所记载的一切里，我们并没有发觉一些私怨的痕迹。贝多芬的精神的与肉体的人品，曾经一道眩惑他的，无疑地使他不安，妨碍他：他把它从他的地平线推开。但是以为他对它曾经表示些轻微的嫌恶却是绝对谬误的。

还有别的大音乐家，他们的相貌歌德永不能容忍的：——比方韦伯。他的最后一次探访（一八二五年七月），在他死前不久，留给我们一个可怕的印象。已经病了，他要求谒见。人家要他在外客厅等候，接连问了他两次姓名（这名字自从他的作品《自由射手》（*Freyschütz*）一八二一年在柏林，一八二二年在魏玛获得胜利之后，已经全国皆知了，就是歌德自一八二四年也听过这支曲和《欧利安特》〔*Euryanthe*〕。），终于被接见了，他找着了一个石人，那冰冻而且凛冽的歌德，带着冷淡的礼貌对他说些陈腐的套语。没有一句提到他的音乐。韦伯走了，捧着剧痛的心躺下，发烧到牙关相撞格格地响。他在旅店卧了两天，没有一个人探问他，终于永远离开魏玛了。

这一次，歌德的厌恶是完全的：第一是对人问题——这瘦削，渺小，不整齐，丑怪，褴褛，两眼镶着眼镜的可怜身影在肉体上固然足以惹那奥林匹斯神生气，那把自己做成了民众的、爱国的、黩武、热情的歌手在精神上更引起歌德的蔑视，——其次是对于那浮躁的、嘈杂的音乐家——"毫无意义的喧闹"，他听了《奥伯隆》（Oberon）的第二幕便喃喃地离开剧场了；——最后是对那把恶劣的诗谱成音乐的作曲家：这是歌德所不轻易宽恕的；我们须知关于这点，贝多芬对韦伯取同样严厉的态度！

对贝多芬却没有丝毫这样的事，我们得记住初次会面时那尊崇和惊讶的印象（一八一二年）。

> 我还不曾见过一个更有力地集中的更强劲、更内在的艺术家。

贝多芬使歌德肃然起敬。但他怕他。这情感里面包含着一个被压抑着的平等观念。

歌德十分高贵了，决不会不愿有平辈。这反足以使他多一个找寻贝多芬的理由。

然则他仇视他的音乐吗？

我们上面所叙述的事实里，没有一件证明贝多芬的音乐在魏玛传播有丝毫反对的意思，无论是在音乐会或戏院甚或歌德家里。——就是在他的指导下，歌德也曾使人，在

《爱格蒙》的音乐之后，于一八一六年演奏过《斐德利乌》（*Fedelio*）。无论他爱这音乐与否，他尊重艺术的独立和权利；他决不会妨碍它的自由传播。

而且，贝多芬的伟大已经不成问题了。自一八一五年起，这已经是一件不容否认的事实。我们在第一篇文章里所举出的例子证明一八二〇年至一八二一年，歌德自己也表示敬意。当然，《爱格蒙》的作者贝多芬是在讨论之外的了。

何况歌德无论何时都不会因偏见而对那些想要或能够启迪他的人堵住耳朵。他那高尚的科学精神要他这样做。他并不像那些为了懒惰的骄傲而蔑视历史的诗人。我将在下文指出没有一个文学家对于艺术史尤其是音乐史有这么浓厚和持久的兴趣的。他觉得要了解一件艺术品，非看见它那精神与形体在进化链条上所占有的位置不可。在这链条，歌德的个性上再不会对这件或那件作品作反应了。他的智慧统治着；它审视，很清明地把定律抽取出来，很宁静地接受它。他不放过一次机会在魏玛组织些循着历史次序的音乐会，请人解释，在他面前展开各时代的伟大形式。一八一八年，许慈接连三个礼拜每天为他弹三小时德国的钢琴乐，从亨德尔和巴赫直到贝多芬。一八三〇年，门德尔松应了他的要求，每天为他弹奏一些古典的大师，从十八世纪初直至那些"伟大的新艺术家"，歌德写信给策尔特说，"关于这些他给了他一些充分的知识"。在这些"伟大的新艺术家"中，贝多芬占上座是毫无疑义的。

这座位，我敢说歌德断不和他争论。我已经说过：歌德关于一切不属于他自己的艺术的技巧问题，如果他承认有人比他内行，必定很忠诚地在他们的意见之前低头。可是，一八二五年前后，我再看不见一个重要的音乐家——骆里兹、许慈、门德尔松、罗伯·汤马士捷、莱尔士达白，甚至策尔特自己（对于这后者，贝多芬的音乐天才并不明显的）——在歌德的圈内，无论他们的批评是什么……

那么？……

那么，歌德接受，承认，羡慕（如果你们愿意）这伟大。——但他不爱它。

什么都在这里，我们能够责备他什么呢？爱是不能自主的。歌德永远是诚恳的，无论在艺术上还是在爱情上。

他爱好什么音乐，我们在下文便清楚。那是一片颇美丽的田地，极宽敞。从民歌到十六世纪意大利多声部合奏，从巴列士特林那（Giovanni Palestrina，1525—1594）[1] 到巴赫，从《唐璜》到《理发匠》（*Barbier*）[2]，亨德尔的英雄神乐高据在心中，与那《极柔和的翼琴》（*Clavecin bien tempéré*）[3] 并

---

[1]　**巴列士特林那**　十六世纪意大利大音乐家。——译者原注
[2]　**理发匠**　意大利十八世纪大音乐家罗西尼的杰作。——译者原注
[3]　**《极柔和的翼琴》**　巴赫作品。翼琴是一种古钢琴，另译大键琴。流行于十七、十八世纪，琴键拨弦发声，不同于钢琴的敲击方法。

列。我认识很少诗人能够这样自夸的。

但是他最不喜欢两件事：过度和浪漫的忧郁。他不能容忍那摧毁我们的和那压抑我们的事物。

还有第三个原因，完全是生理上的，限制他的判断力：——他的耳朵受不起"太多的音响"……这就是他晚年所以不再出门和很少赴戏院的原因之一。新音乐使他生理上难过。必定要经过柔化，从合奏乐改作钢琴音乐之后，他才能接受。这就是我上文所引过的他听了门德尔松用钢琴奏了贝多芬的《第五交响乐》之后发出呼喊的真义：

假如现在所有的人一齐合奏起来呢！……

我们看见他双手盖着耳朵逃开去……

有什么稀奇呢？他在一八三〇年仍是那个许久以前，曾经在年轻的时候听过那七岁的莫扎特弹奏的人，他来自黄金时代的遥远之处；而他那器官的感受性并不能和他的智力演进得一样快。

而当官能接受艺术的印象不能无痛楚，无烦扰时，智力便要判断这艺术只能摧毁和压抑人。歌德于是把它推开。歌德推开贝多芬。

让每个时代都有它特殊的衡度，那压抑这时代的将鼓舞另一时代。一直到时光的尽头都是这样。

歌德与音乐

人们——尤其是在法国——太忽视歌德和音乐的关系了。在拉丁族国度里，兼音乐家的文人是那么少见，而且，即使偶尔有之，保持着一种这么浓厚的消遣的性质，于是便让一个像歌德这样的人来屈就我们这可怜的标准。上焉者也想象他不会超过一个天分很高、精微雅致的敏感的爱好家：没有技术上的认识，只根据一时的强烈和活跃的印象来判断音乐的作品，而这印象又非出自理性，并且往往为时尚所推移。他所以不了解贝多芬就是由于他对于一种他并不在行的艺术缺乏鉴赏力。

但是当我们耐心去从头到尾跟踪歌德的艺术生活，我们便不能再坚持这论调了。从头到尾，我们不能不惊讶去看见音乐在他一生所占的重要位置。

虽然大家都知道他根本是一个属于"视觉"的人，

生来为观者，

矢志在守望，

受命居高阁——

宇宙真可乐。

我眺望远方；

> 我谛视近景，
>
> 月亮与星光，
>
> 小鹿与幽林。
>
> 纷纭万象中，
>
> 皆见永恒美。
>
> 物既畅我衷，
>
> 我亦悦己意。
>
> 眼啊你何幸，
>
> 凡你所瞻视，
>
> 不论逆与顺，
>
> 无往而不美。(《浮士德》第二部《守望者之歌》)

　　而他的最大的音乐是由他那双大眼传给他听，——他曾经说过这句惊人的话，"和眼睛比来起，耳朵只是一个哑的感官。"——歌德是没有哑的感官的：他每个孔窍都开向宇宙的美，而耳朵，我们可以说，就是他的第二眼睛。

　　他的耳朵，我在上文曾提起过，是极端敏锐的。街上的杂声对于他简直等于刑罚；他对于狗的厌恶一部分是由于它们的吠声；他逃避浪漫派乐队的喧哗；在戏院里，锣鼓的声音使他难过：正演得热闹时，他便离座了。我们永远不要忘记他的神经的过度的反应，这为心灵所支配的颤栗着的器官。他对于这亚奇勒士（Achilles）[1]的后踵的认识，正如对于他一切弱点的认识，实在是他隐居于魏玛和他畏惧大城市的一个重要原因。

但是我们别误会！他所憎恶的是杂声。那圆融清纯的美音使他神往。他自己就不是在半阴影里说话的人。他有一个自己听起来也觉得愉快的洪亮低音的嗓子。就是七十岁的时候，它那非常的响亮还使门德尔松惊异。"如果他愿意，"那小音乐家[2]写信给他妹妹芳妮说："他可以在一万个战士头上轰响。"果然，当他在魏玛舞台指挥他那剧团的演习时，他的声音如雷鸣般从厢房里响出来填满了全座。诵诗的时候，他知道怎样使它极高低抑扬之致。

这优越的工具，他不独用吟咏或朗诵来造成，并且用歌唱。幼时，他在未了解歌词的意义之前，已经学会了许多调子，和一般小孩一样。在莱比锡（Leipzig）他和百莲珂孚姊妹合唱许多柔和的二重唱（duetti）。他毕生从没有作过一首"小歌"不先低吟它的旋律的。"Nur nicht lesen! immer singen!"（"别只默诵，要永远高歌！"）在他为林纳作的诗里他这样写着，在这诗里他劝人读他的诗时要一面坐在琴边弹奏。这岂不是他的艺术和一般作歌词的人的艺术不同的要点

---

[1]　**亚奇勒士**　荷马史诗中的英雄，全身独后踵可以为刀矢所伤。——译者原注
[2]　**小音乐家**　即门德尔松。——译者原注

吗？他说："音乐是一切诗所从出和所归宿的真元"，像河之于海一样。歌唱而外，他还在法兰克福学会钢琴，在斯特拉斯堡（Strasbourg）学会小提琴，就是在一七九五年，他已经四十六岁的时候，据说他"钢琴还弹得不坏"。不过，大概自从他在魏玛住定（一七七五年秒）之后，他便放弃了钢琴，除了偶尔借用韦兰的。无疑地，他觉得在一个擅长音乐的宫廷里——他的腻友石坦安夫人在那里弹钢琴和琵琶的——还是不献丑为妙。他那特殊的地位使他用不着劳苦便可以安享音乐的愉快：如果他要听音乐，他只把它请到家里便得了，既然他指挥着那些乐手。

但是我们要注意：音乐于他并不是一种单纯的消遣。它或是对于心灵的一种理智上的裨益，或是镇定和整饰灵魂的一种抚慰，或是对于创作活动的一种直接的灵感。就是这样当他在一七七九年从事于《依菲芝妮》（Iphigenia）的创作时，他把它请来，以抚慰灵魂而解放心灵。同样，在他写《埃皮明尼德之醒觉曲》（Des Epimenides Erwachen）的时期，一八一五年至一八一六年，他又借助音乐来召唤天才之灵。一八二○年，他写道："我听了音乐之后，工作总顺利得多。"

他自己曾作过乐谱也是无可置疑的事实；而且，他自然而然地把几种音的合奏通写出来。这里就是一个奇怪的例：

一八一三年夏天——他和贝多芬相遇后一年——他独

自在波希米亚，心境非常恶劣，他沉思了许久这句无希望的
希望的不朽名言："主呵，永远在你里面希望着坚定不惑！"
他把它谱成音乐，写成一支四重唱（quatuor）的歌。次年冬
天，他重读他的作品，要策尔特将同样的词句作一支四部合
唱曲。那恳挚的朋友照他的意思做了。歌德把这两个作品比
较之后，写信给策尔特说（一八一四年二月二十二日）：这
比较使他认识自己音乐的个性，他的创作令他想起约苗里
（Jommelli）的风格，（这并不怎样坏啊！）他继续说："我们
又惊又喜看见自己在这样的路上：就这样我们认识自己的隐
秘的生命。"——准确他说，认识自己"在夜里的游行"①。

　　但是他把艺术看得太高了，不肯把这初学的创作保留在
一种无论他怎样善用终不免是陌生的语言里。

　　　　　　　＊　　　　　＊　　　　　＊　　　　　＊

　　他所受的音乐教育究竟是怎样的呢？

　　在他的童年，在法兰克福，是意大利的歌调和法国
的轻歌剧（Opéras-comiques）（薛丹〔Sedaine〕和法瓦尔
〔Favart〕，蒙西尼〔Monsigny〕和格里梯力〔Grétry〕）。

　　在莱比锡，是希勒指导的德国 Singspiele（歌剧的一

────────────
① "在夜里的游行"　准确的意义是"梦游症"。——作者原注

种）。但是这超卓的希勒，歌德认识他本人的，实在远超出一个平常的好音乐家之上：他是德国最伟大的音乐导师之一，他设立一个音乐周刊和组织许多优美的交响乐和合唱的音乐会，那些有名的音乐会便滥觞于此。他在那里用许多可爱的女歌者奏演哈士的圣乐（Oratorio），激动了那年轻的听众的热情。六十年后（一八三一年）这些情感还很新鲜地留在老歌德的心里，当他在两首用来庆祝这些女艺术家中最有名的角色司梅玲的八十二寿辰的诗中把这些情感重新召唤回来。八年后，其中另一个女歌者哥萝纳就要被歌德邀请到魏玛去，在那里他俩的密切的交情仿佛是与火游戏；而歌德自焚于其中。在这最初时期，在他还未到二十岁之前，音乐的王笏还是在哈士手里：哈士，这清纯的旋律的无上大师，就是莫扎特也几乎不能超过的。——但是格吕克（Christoph von Gluck，1714—1787）已经出现了……

我们就要毫无惊讶地知道，格吕克对于歌德将永远是艺术的一个极峰；如果他们不合作，错全在他。一七七四年，当歌德经过斯特拉斯堡的温馨旖旎的春天之后，在他的小歌盛开的时期中，找一个可以和他并肩的音乐家，委托一个女友把这年轻诗人的诗寄给这老音乐大师。但是适值格吕克心境不愉快的时候。他气愤愤地拒绝去读这些诗。他大声喊叫，说他没有工夫并且他已经有他的诗人了。这些诗人是谁呢？薛丹，马蒙调尔……唉！……

　　两年后，一七七六年，他们的角色就互相交换了。是格
吕克恳求歌德了；而且在怎样哀痛的日子呀！四月间，他
失掉他的钟爱的侄女，娜娜德·玛利安娜，那"中国小姑
娘"，那带着柔脆动人的嗓子的夜莺。她刚有十七岁。这噩
耗像雷殛般把格吕克推倒了，正当他在巴黎导演《阿尔雪士
特》(Alceste) 的第二天（那演出是一个完全失败）。他滚入
痛苦的深渊里。什么于他都没有了。艺术也不算什么了。他
不想再创作了……不，还想的！一曲他要对世界高喊他的爱
和绝望的歌。他问克罗柏士多克要。他问韦兰要。两人都举
荐他给歌德；韦兰把他的呼吁转给他那年轻的同志。歌德深
受感动。他开始在那上面运思。但对于他那正是些昏迷而且
发烧的日子。他初到魏玛，为无数的自尊心和爱情的煽动所
纠缠，他正在那热烈的友谊初期里——这友谊不久就要富于
快乐、创造的梦和痛苦。他整个儿属于石坦安夫人。他的思
想，虽然曾有一刻为那老音乐家奥菲尔 ① 的哀痛所贯彻，终
不能专注在那上面：他把那已经开始的诗搁下了。格吕克徒
然哀恳他……

　　"我深觉不安，"他写信给石坦安夫人说，"为了一首我
要为格吕克作的关于他的侄女之死的诗。"

　　但是据说他的计划太大了。他没有适当的安静去实现

---

① **奥菲尔**　即格吕克。——译者原注

它，他放弃了。

然而这并非歌德和格吕克接触的最后一次。接着那几年，格吕克的音乐非常受魏玛听众的欢迎，歌德在他身上不独找寻那创造的兴奋剂，——这是他常求于音乐家的——并且许多关于朗诵和戏剧风格的教训。他的腻友歌萝纳常常为他唱许多并且唱得很好，而当他要栽培一个年轻的音乐家以补自己的不足的时候，——因为，我们就要知道，对于他，音乐是一种不断地占据着他心头的抒情和戏剧的艺术不可少的重要成分，——他想遣这凯撒就学于格吕克。他写信给格吕克。格吕克已经病得很重，快死了，他赶快请人代他答复，为他那双已经风瘫的手谢罪（一七八〇年）。

同时，歌德对于卢骚的音乐见解很发生兴趣（一七八一年）。他的"单人乐剧"（Monodrame）《普罗色尔宾纳》（Proserpina）就是属于那创自卢骚的《比玛里安》（Pigmalion）的一类的。

但是另一颗比格吕克更有力的明星在歌德的天空出现了：亨德尔。比德国任何地方都先得风气，魏玛在一七八一年正月至三月便得听《亚力山大之宴》（Fête d'Alexandre）和《弥赛亚》（Messie）的初演。这对于歌德是一件大事！他很留心跟随着它们的排演，而且，据他自己说，他从那里获得许多关于"朗诵的新见解"。亨德尔将毕生是他的一个奥林匹斯神——虽然他后来很少有机会在那小城里听到他。那是他和策尔特的交情所植根的一个地基。听了一次亨德尔的《弥赛亚》便决定了那年轻的瓦匠的音乐的前程；他颠倒到竟呜咽起来了，当他从波茨坦（Postsdam）步行回柏林的时候（一七八三年）。这两个朋友对于这杰作那么念念不忘，他们后来打算合作一部伟大的圣乐，作为《弥赛业》之续。歌德曾经在他的一八一六年的通信里，粗拟这作品的主题和提纲：

> 　　两个观念：需要与自由……一切和人有关系的都包括在这圈内了。……

　　这作品应该以西奈（le Sinaï）①山头那"Du sollst"（"你应该"）的雷鸣开始，而以耶稣的复苏的"Du wirst"（"你将是"）作结。

　　虽然那激荡他的冲动终于中断，有人很准确地注意到《浮士德》第二部却从这里获得了不少灵感。那天上的尾声就是从这里开花的。谁会料到在他的《浮士德》的宏伟的结束里，发现亨德尔的间接承继人呢！

　　我们快要在下文看见亨德尔艺术的光明的狂热的特征支

---

① **西奈**　摩西看见上帝的山名。——译者原注

配了歌德在宗教乐里的强烈的偏爱。这艺术和他有着前定的
和谐。

当他渐渐老去的时候，他重新感到一种不可抗拒的需要
强迫他把他那冰冷的身躯浴在这大精力的河流里。一八二四
年春天，读了骆里兹一篇关于《弥赛亚》的论文，他的火又
重燃起来了。他想再听那作品，凭了善意的奇迹，魏玛的音
乐家为他取得这快乐。他很愉快地给亨德尔的心灵的力所浸
透，像他写信给策尔特所说的。如果有什么可以使他走出魏
玛的蛋壳并引他到柏林去，那就是策尔特的大规模的管弦乐
合唱的演奏，在德国唤醒了亨德尔和巴赫的群众的灵魂。歌
德极恳切地听人叙述这些演奏，似乎他从朋友的信里听到它
们，和我们听收音机一样。他有一次说：

　　　　对于我，仿佛我远远地听到海啸一样。

这几乎是贝多芬听巴赫音乐时所用的字：

　　　　这并非小河①，他该名为大海……

歌德不独给这些浩瀚的音乐波澜所浸淫。他还仰慕这些

----

① 　**小河**　巴赫在德文原训"小河"。——译者原注

圣乐的建筑美。他最后那三年（一八二九至三二年）孜孜不
倦地研究《弥赛亚》，《参孙》(*Samson*)和《犹大·马卡卑》
(*Judas Machabée*)①的结构。

　　　　　　　＊　　　　　＊　　　　　＊　　　　　＊

　　一七八五年秋，他的天空又增加一颗新星：莫扎特。他
第一次在魏玛听到《后宫诱逃》(*L'Enlèvement au Sérail*)。
他简直着了迷；但同时也是正中他胸口的一拳：因为他正和
凯撒殚精竭虑去寻求一种音乐喜剧。莫扎特一举便刈掉他的
一切尝试，实现了他的希望并且超过他的希望。他并不那么
小气去怀恨莫扎特。魏玛的舞台一归歌德指导，莫扎特便在
那里称王了；他将永远保持他的王位。

　　因为我们不要忘记足足二十六年之久，自一七九一年五
月至一八一七年四月（他生命的极峰），歌德罚自己去做那
指导一个兼演喜剧和歌剧的小城舞台的工作——这工作在
我们看来不独无益，并且和他的天才不相称。他对于他的职
务非常认真，尤其是一直到一八〇八那年，那女主角迦萝
莲，大公爵的正式姘妇，滥用她的势力来把持那舞台，发生
许多争执，引起歌德的厌恶。无论如何，在这长期间，魏

----

① 　三者皆亨德尔的宗教乐曲名。——译者原注

玛的舞台在他指导下演了六百出戏，其中一百〇四出歌剧
和三十一出 Singspiele，莫扎特远居前列。一七九五年，歌
德核计他在舞台最初十年的工作的时候，发现没有一出戏
被演过十二次的，除了《魔笛》(*Flûte enchantée*) 二十二
次,《后宫诱逃》二十五次 ①。二十五年后，歌德指导的总成
绩表所列的莫扎特歌剧如下:《魔笛》演了八十二次,《唐
璜》六十八次,《诱拐》四十九次,《万事皆如此》(*Cosi fan
tutte*) 三十三次,《梯屠士》(*Titus*) 二十八次,《费加罗婚
礼》(*Noces de Figaro*) 十九次 (奇怪得很! 在莫扎特的作品
中，这永远是比较没有那么受欢迎的)。直到席勒的悲剧出
现，莫扎特获得最大的胜利。席勒死后，歌剧又占上风了。
歌德最好的剧本《浮士德》,《达梭》(*Tasso*),《依菲芝妮》,
《葛慈》(*Götz*)，很迟才上演，而且次数极少。比较易懂的
是他的小品，他的 Singspiele，其中演得最多的是《耶利和
贝德里》(*Jery und Bätely*)，也不超过二十四次。莫扎特在舞
台上的霸权是不成问题的了。

　　歌德批准听众的裁判: 他写给席勒的一封信可以为证。
席勒对他表示建树在歌剧上的大希望; 他以为"正如从前悲
剧出自古代庆祝酒神的合唱，它将从歌剧再溅涌出来，带着
一个更高贵的躯体，"为的是歌剧脱离了那对于自然的奴性

---

① 二者皆莫扎特的歌剧。——译者原注

模仿，因而艺术可以达到"自由的表演"。歌德答道："你对于歌剧所怀的希望，你从前可以从莫扎特的《唐璜》得到很优越的实现。但这剧是绝对孤立的，自莫扎特死后，一切和这相类的希望都徒然了。"

在他生命的末年，他表示出同样的惋惜，当他一八二九年对埃克曼叹息不能为《浮士德》找到适当的音乐的时候：

"那是完全不可能的，"歌德说，"那音乐应该和《唐璜》的性格相近。莫扎特该为《浮士德》作曲。"

歌德最后听到的歌是《唐璜》里的调子，他的孙儿在一八三二年三月十日晚上唱给他的。

其他抒情剧的大师中，魏玛戏院在歌德指导下演得最多的，最初是笛特尔士多夫（Dittersdorf），扁达（Benda），培西萝（Paesiello），西马罗沙（Cimarosa），蒙西尼，达列拉克（Dalayrac），格里梯力，沙里尔利（Salieri），和沙尔提（Sarti）。一八〇〇年后是策鲁宾尼（Cherubini），梅乌尔（Méhul），包阿德约（Boïeldieu）。一八一〇年后是巴尔（Paer），西蒙·麦尔（Simon Mayr）和斯彭蒂尼（Spontini）。——韦伯于一八一四年以《西尔梵纳》（*Silvana*）出现；——贝多芬的《爱格蒙》一八一二至一八一四年，《斐德利乌》一八一六年。——然后就是罗西尼的胜利时代：《司密杭眉氏》（*Sémiramis*），《善窃的喜鹊》（*la Gazza ladra*），《歌林多之围》（*Le Siège de Corinthe*），再迟些是《威廉·退尔》（*Guillaume Tell*）和《摩西》（*Moïse*）。可以和他抗衡的，只有斯彭蒂尼，对于这后者歌德表示极大的敬意并且把他当平辈看待；自一八二一年起，还有韦伯的《自由射手》，最后就是《奥伯隆》。歌德赴戏院的时候越来越少了，只在一八二四年听《欧利安特》，《自由射手》，《哥尔爹齐》（*Fernand Cortez*），《丹克烈德》（*Tancrède*），《秘密的婚姻》（*Le Mariage Secret*）；一八二六年听《理发匠》；一八二七年听《善窃的喜鹊》；一八二八年听《白衣夫人》（*La Dame Blanche*）和《泥水匠》（*Le Maçon*）；一八二九年听《奥伯隆》，他觉得不耐烦。——于是便完了。

＊　　　　＊　　　　＊　　　　＊

戏剧的音乐不能满足歌德。他还爱好那伟大的宗教乐和室内音乐。

对于前者，在魏玛经济来源是很有限的。在全盛时期，席勒与赫尔德的时期内，最多也不过十年中演奏三四次海顿和格劳忒（Graun）的圣乐。最不幸的是学校和教堂的监督赫尔德和舞台主任歌德因为经济缺乏之故，不得不争夺那极难得的歌队。赫尔德很合理地埋怨歌德把他的神学生歌诗班夺去。（为要维持他的歌剧，歌德是不能不出此一招的。）

室内音乐呢，大半只是些由琴手组成的音乐会。歌德极不满意。他毕生的愿望，像在他的小说《威廉·迈士特》里所表现的，是要音乐混在我们的日常生活里。他梦想着一个私人的歌咏队。在一八〇七年九月，他便把它组织成了。那正是适于澄思静虑的时光。在伊埃拿（Iéna）之役以后，德国的战败逼它的注意集中在自己身上。内在的源泉开放了；卜德在他的德国史里曾经观察到国内各阶级和各省的互相亲近。——大家都感到前此和后此都没有这样需要一种在艺术和思想的神圣感情里的精神契合。

歌德的权威在这几年间很迅速地增长起来。他知道"高贵是乐助的"，无论想为自己设备什么都得效劳于环绕着他的社会——更由这社会，由他的魏玛的榜样，效劳于德国。他的歌咏队成立后两个月，他把它献给一群优美的知识分子；——次月献给宫廷；——再迟些（一八一〇年二月），献给全城。

开首很简单，全歌队只有一个四声部的合唱队，里面那年轻的小提琴手兼作曲家埃伯尔万（Karl Eberwein）不久便被升为指挥。那增加得很快的音乐节目以意大利和德国的宗教音乐为主：约苗里，海顿，莫扎特，法士（Fasch），沙里尔利，弗拉利（Ferrari）——奉献歌，颂歌，祷歌，礼拜歌——以及策尔特，莱哈德，埃伯尔万的小歌。有时甚至掺进一些弥撒曲和圣乐的片断。自然，歌德个人的影响特别在小歌和诙谐作品中显现，因为，在这里，诗人和戏剧家应该树立他的权力；他支配着朗诵节拍和方式。但无论是宗教的或世俗的，歌德对他的音乐家立了一条规矩，作为选择节目的标准：——他不能容忍当时流行于德国的感伤的倾向：无端的哭泣，教堂或爱情的哀号，和"坟墓"。虽然当时的国情或许允许这忧郁的倾向，这精力弥满的人不能容它表现出来。他诅咒那些垂柳一般的感伤诗人打开这洪流的堰：比方贝多芬所钟爱的马提逊（Matthisson）和梯德慈（Tiedge），我不敢决定单是对他提起那题目不会使他诅咒那不朽的歌组：《给远方的爱人》，他的苏拉卡——玛利安娜——极力推荐给他的。一八一七年他在旅途中听到一支失恋的怨歌："我曾经爱过，但不再爱了；曾经笑过，但不再笑了……"——他很生气，在他的旅店桌上写道：

　　　　我曾经爱过，现在就开始好好地爱了……今天和昨天一样，群星闪烁着。远避那些被屈服的低垂的头罢！永远活着仿佛是永远在开始去活一样……

　　这更是他和策尔特互相谅解的一个最好的地盘，策尔特是曾经在脊上载过无数的艰苦，又很快活地把它们抖下来。

　　因此歌德所求于宗教乐的，和世间乐一样，说是要它增加我们生活的兴趣，道德的信心，精力的总和，而尤其是，理性的力：秩序，心灵的清明，对于永恒的意识，对于卑鄙

和虚无的蔑视。在这点上，他和亨德尔是异母兄弟。这魏玛
的阿波罗和英国的赫拉克勒斯 ① 合起来，还有什么干不了的
呢！如果贝多芬对这配合感到痛苦，他却会是第一个举手赞
成的人。他不走亨德尔的路并不全在他。那是他所寤寐思服
的一个理想，但他那苦恼的天性不容他达到。而且，我们别
弄错了！对于歌德，亨德尔也是一个理想，他所以受亨德尔
的极乐和宁静吸引得那么厉害正因为他缺乏这些优点。他
自己曾经对穆勒参议说过。把自己和那只爱旖旎哀怨的音乐
（因为这正是他的天性的对照和补充）的拿破仑比较，歌德
说那温柔和感伤的音乐使他抑郁："我需要活泼雄劲的音乐
来刺激和鼓励我。拿破仑，因为他是专制君主，需要温甜的
音乐。我呢，正因为我不是专制君主，我爱那活泼、快乐、
兴奋的音乐。人永远企望那和他天性相反的……"然则我们
可以有权说他在贝多芬里面逃避他的本性，——他所不想变
成的吗！……

　　他在家里，在他的乐队里，栽培那快乐的音乐（尤其是
民歌）和那雄伟的宗教乐。他也欣赏那四部合奏的弦乐；这
是弦乐中他所特别钟爱的一种。在这点上，他和贝多芬一
致；贝多芬的主要天性，自始至终，都是借四部合奏乐表现
出来的……这"四马二轮车"很合阿波罗的脾胃……歌德在

① **英国的赫拉克勒斯**　亨德尔死于伦敦，故云。——译者原注

这上面所欣赏的是一种理性的悦乐。他写信给策尔特说：

> 我们听到四个有意识的人晤谈；我们感到从他们
> 那里有所获得，同时又可以认识每人的个性。

反之，他讨厌那新管弦乐在人体所产生的强烈的摇撼。他大概从那上面看出一种对于心灵自由的谋害，因为它很猛烈地为惊诧所侵犯。一切心灵所不能准确地认识的，一切他混在"流星的"这名词下的，他都觉得可疑，如其不是可憎的话。说不定就在这流星的名义下，他要把贝多芬的一部分交响乐和韦伯的歌剧——这些都是属于狄安尼索士的欢宴与狂飙的——判处死刑，或者至低限度把他们禁绝。

他那家庭乐队只支持了七八年。和舞台一样，他给这些鸟雀似的卑鄙狭小的虚荣的民众和小丑们的勾心斗角气坏了。并非他不彻底认识他们，——谁比他在《威廉·迈士特》里把他们描写得更逼真呢？——但他们永远吸引着他。从一八一四年起，他只保留了两三个变成了他的朋友的亲密的音乐家。

＊　　　　＊　　　　＊　　　　＊

正当他的音乐智识的泉源仿佛快要枯涸的时候，他的眼界因为和约翰·撒巴士蒂安·巴赫接触而扩大起来了。

　　巴赫一家在魏玛从不曾是生客。他们是邻居和亲戚。约翰·撒巴士蒂安 ① 来过魏玛两次，一七○三年住了几个月，一七○八年住了九年，当风琴师和宫廷乐队长。他所造就的门徒在那里继承他的传统达半世纪之久。在另一方面，那大公爵的出自彭树微克族的母亲是一个很好的钢琴家。她的老师约翰·埃尔士特·巴赫曾跟她到魏玛来。她对歌德弹过约翰·撒巴士蒂安的音乐是意中事。——他也不会不曾遇到约翰·撒巴士蒂安的狂热的崇拜者（因为这些时候他们并不居少数，比方那要"为巴赫而死"的年轻的伯爵波狄辛，歌德并不赞成他这举动。）——他的朋友音乐学家骆里兹曾经在一八○○年唤起那善忘的德国注意巴赫最后一个女儿的沦落；为她引起一个属于虔敬性质的运动。（贝多芬很热烈地赞助此举。）——最后，策尔特曾经对歌德做了不少关于巴赫和他的伟大的同辈或先驱们的小演讲。所以歌德是不会不知道巴赫的重要和他在音乐进化史上的地位的。

　　但是直接的经验和确定的印象却于一八一四年从他的朋友许慈（魏玛附近伯尔卡浴场的监督）那里得来。这快活的微带滑稽的矮胖子，带着他那横放在一副洋团团似的脸上的

————

① **约翰·撒巴士蒂安**　巴赫一家数代都是音乐家，约翰·撒巴士蒂安是其中成就最大的，普遍单称巴赫时都是指他。——译者原注

高领，原是巴赫的热烈崇拜者。他从巴赫最后一个学生克特
尔（Kettel）那里买了几束音乐手稿。他把它们弹奏给歌德
听，歌德马上被征服了，终身都不变：这足以证明他的音乐
性之严肃了。他永不厌倦那《极柔和的翼琴》。他常常请许
慈为他弹些前奏曲和赋格曲（fugue）。他把后者比拟成"一
些玲珑透剔的数学作品，题材那么简单，而诗的效果那么宏
伟"。从此许慈和歌德常相过从：不是歌德往访许慈，便是
许慈来探歌德。那时候钢琴便立刻打开，歌唱那被启发的理
性的滔滔不竭的波浪了。一八一八年，歌德接连三星期要许
慈为他弹这音乐，每天三四小时，为要表示他美满的幸福，
他说道：

　　　"我到床上去，许慈继续弹巴赫的音乐。"

　　有时夜已经很深了，许慈才弹完。歌德、策尔特、许
慈互相赠送了不少关于巴赫的礼物：合奏乐或《极柔和的
翼琴》的乐谱。而且，我们别忘记！策尔特，歌德的阿沙
特——这是他的光荣的最美丽的衔头——是第一个复活那
《马太福音受难曲》(*La Passion selon St-Mathieu*) ① 的人。他
在柏林用他的音乐学院——"他的军队"，照他自己的说

---

① 《马太福音受难曲》 巴赫杰作之一。——译者原注

法——来演奏它，那年轻的门德尔松做他的助手。他给歌德
的信里震荡着这些给他散布出来的伟大的风琴的喧响。歌德
呢，整个儿为了这海洋似的啸号遥遥颤动着。

　　但是歌德的音乐的享受永远不会没有理性参入其间，所
以他和策尔特的通讯里常常带着许多关于巴赫的科学探讨
的痕迹。他时而研读骆里兹的论文第二部：《论巴赫的翼
琴乐》(*Sur les compositions pour clavier de Bach*)（一八二五
年）；时而殷殷询问策尔特关于古柏连及其对巴赫的影响
（一八二七年）；时而他那永远要把艺术和科学的原理归纳
于人体构造和它的感受性的"人体中心"的天才，研究身心
在音乐里的关系的时候，特别注意到，关于巴赫个人手和脚
的重要。

　　他的视线远超出巴赫和那不独文人就是当时的音乐家也
很少认识的前古典时代之外。它包揽了十六世纪的"复调声
乐"(Polyphonie vocale)。一七八八年"四旬节"时他正作
客罗马，在西斯廷圣殿里发现了它的美，他的朋友凯撒又帮
助他去理解它。他们一起无间断地听巴列士特林那、莫拉勒
斯、阿列格列的无伴奏合唱(a capella)，在米兰，他们共同
研究圣安伯罗西(Saint Ambroise)的圣歌。

　　然后歌德又命凯撒研究古代音乐；因为他的直觉告诉他
基督教音乐的源泉应该在那里。——后来，在魏玛参加逾越
节(Les Pâques)的时候，听见那世袭的公主的希腊乐队歌

唱，他发现俄国的圣乐和西斯廷圣殿里的圣歌的血统关系。
他很想从策尔特那里得知拜占庭（Byzance）音乐的来源。
但是策尔特的古典学识是那么贫乏，连拜占庭这名字的意义
都不知道。

他会在骆里兹身上找着一个非常博学的音乐向导。但是
他虽然和他交游很久，如果求助于他或把他请到魏玛去，他
又怕令策尔特感到不快。但他至少总常读骆里兹的著作；尤
其是晚年的时候，他很少出门，常常研究音乐史。

*　　　*　　　*　　　*

但这并不足以餍足他的欲望。对于音乐和对于其他的智
识一样，他的心灵要把经验和事实归纳于一条科学的原则。
与他的《颜色学》(*Farbenlehre*) 平行，他想建立一个《声
乐学》(*Tonlehre*) ——"在纷纭的现象中发现那原始的中心
的'一'……"（一八一〇年）。

他找到几个很显赫的同志，和他们讨论音乐里的自
然科学问题：—— 那数学家魏尔纳堡（Johann Friedrich
Christian Verneburg de Eisenach）（一八〇八年至一八一一年
之间）和那有名的维滕贝格音响学家卡拉尼（Ernst Chladni
de Wittenberg）（一八〇三年至一八一六年之间），后者离开
学院派智识的独立见解很使他欢喜。但是他的惯常的对话者

却是他的策尔特（他对歌德背诵他那读熟了的学问，而歌德
轻蔑地蹂躏他所有的学童教义），——和一个聪明的少年，
舒罗士（Christian Schlosser），歌德希望把他做成他的音乐
书记，依照他的原则去写他所计划的声乐学。但舒罗士不愿
从事于这些问题。得不到他的协助，歌德遂不能完成他的工
作，可是他永远不放弃他的计划。他对这计划那么坚持，就
是一八二七年他还请人把他的声乐学大纲写成一幅大图，挂
在他的卧室的壁上。无论他这科学的纲领，由他自己陈述出
来的，还剩下多少，他的原理居然引起当时的音乐学家的注
意。摩撒（Hans Joachim Moser）曾为此写了一篇论文：《歌
德与音响学》(Goethe und die musikalische Akustik)，并且里
曼（Hugo Riemann）极赞同他的学说。

　　他所特别注意而且直到临死前几天还系念不置的是"小
调（mineur）的音律"问题。他在一八〇八年至一八〇九年
和策尔特讨论中涉及它，从一八一四年至一八一五年和舒罗
士的讨论中也涉及它，策尔特的答复绝对不能使他满意。策
尔特借助于音乐的物理学的解释，弦线的分段。他以为那
小三度小调（tierce mineur）绝对不会是大自然的花朵，而
是艺术的产物，由那大三度（tierce majeur）小调低减而成。
歌德殊不以为然。他说，人的天性就是音乐宇宙的源泉。我
们得在这里面找寻，而不是在那些不为实验所用的人为的工
具上。"和音乐家的耳朵比较起来，一条弦线和他的机械的

分段算什么？是的，我们简直可以说：和人比起来，自然的现象算什么，既然人得先把它们一一征服和整饰，然后能够把它们到某一程度化为己有？"

　　所以他的强劲的主观主义很热烈地欢迎舒罗士建议：这两种音调，大调（majeur）与小调，是同一无二的"音元子"的两个不同的境界。"如果'音元子'扩大，长调便溅涌出来。如果它收缩，小调便产生。"元子的中心是由那最深沉的声音组成的，四周是由最高音组成。——但是关于这两种音调的美学上的或心理上的估价，歌德和舒罗士便不一致了。因为舒罗士染了浪漫的宗教性的色彩，倾向于把音乐的重心放在那从外在的自然收缩起来的凝思的灵魂的忧郁上：小调就是它的最亲切的表现，它是我们的心对于"无限"的怅望。——这么一来，歌德便不能不提出抗议了。不，他断不许人把悲哀当作灵魂和艺术的中心。他很愿意承认人性有两重倾向：一方面，向外物，向动作，向外在世界；——另一方面，向内心，向沉思，向内在世界。长调是一切鼓励，兴起，和投射灵魂于外界事物的表现。而且，如果你愿意，小调是凝思的方式。但凝思决不是悲愁的同义字，不，一千次不！……（我们是多么愉快去听见这矫健的丈夫一手抹光那快要降临的女性化的浪漫主义的忧郁呀！）那些小调的《波兰舞曲》（*Les Polonaises*）有什么忧郁可言呢？那只是一种社交舞蹈，那上面反映的社会群集一起，互相淹没。这是忧郁吗？还是快乐呢？……

　　但是对于我们法国人还有一个更有趣的例子！那是关于
《马赛曲》的——这《马赛曲》，真令人百思不得其解，贝多
芬似乎完全没有注意到，我在他的作品里面没有找到丝毫的
痕迹。——难道他完全不知道它的存在吗？否则为什么直到
一八一三年他还在《维多利亚之战》里用那古怪的马尔布鲁
进行曲来代表法国人呢！……

　　这《马赛曲》，歌德曾在亚尔哥纳，瓦尔密和迈仁士的
战场上听见过；他终身都深存着它所给他的颤栗。因而他所
保留的——多么惊人的现象！——是那阴郁而且恫吓的小
调——是黑影，不是光！但这黑影对于他和灵魂的忧郁丝毫
共通点都没有。反之，那是一个复仇的愤怒的爆发！……

　　　　我不知有什么比一支小调的进行曲更可怕的东西。
　　在这里，两极互相击撞和摧残我们的心而不是使它失
　　掉知觉。最显著的例就是《马赛曲》!

　　　　　　*　　　　　*　　　　　*　　　　　*

　　从上文看来，我们可见歌德的音乐经验——由实践，由
听过无数不同的演奏，由美学的思考，由历史与科学的探
讨——是多么丰富和久远了。他的缺点在什么呢？他抓不住

当代音乐之处何在呢？

理智上，并没有大了不得的地方。那激荡当代音乐的新需要，他也感到。一八〇五年六月，注释《拉穆的侄子》（ Le Neveu de Rameau ）① 的时候，他分辨出音乐的两大潮流：一是意大利的，以歌唱和旋律为主；一是德国的，以管弦及合奏为主。他诚心祝祷一个音乐大师的来临，将二者合而为一，把情感的力量融入管弦乐里。

他想得很对；而他的结论应该是："这大师已经来到了……贝多芬……"——但这时候，歌德还没有听过贝多芬什么作品。

艺术与声音表现力和描写力有限制吗？——毫无。当一八一八年，雪柏克问他："音乐里模仿的限制是什么？"歌德答道："绝无与一切……绝无，当我们用外在的官能直接去接受它们的时候。但一切，我们在内心仗这些官能的媒介所感到的。"

这正是贝多芬的原则：

　　　　情感的表现多于描画。

不宁惟是！歌德高声承认音乐有权超越理性的界限，深

_____

① 《拉穆的侄子》 十八世纪法国散文作家狄德罗的小说。——译者原注

入那文字和分析机智所不能到达的境域。他和埃克曼谈论
"内在幽灵"的时候，说及那非机智和理性所能达到的非意
识（或下意识）的诗之后，他接着说：

> 这在音乐亦是达到最高度的。因为它自处那么高。
> 没有理性可以接近它；它的作用驾驭一切，而又无人
> 能知其所以然。

这岂不证实了贝多芬对贝婷娜说的那番热烈信仰的宣
言吗？

> 音乐是直达那较高的认识世界的唯一法门，人们
> 受它包围着却抓不住它！

这机智的最高主宰，这伟大的歌德，在他快离开生命的
顷刻，居然承认音乐的直觉这无上的权利：这岂是轻微的
事吗？

然则歌德与贝多芬岂不应该同意吗？歌德对于音乐的理
解究竟碰到了什么障碍呢？——理智上，什么都没碰到。生
理上呢，碰着了那年龄加给官能的感受性的自然限制。要一
个属于西马罗沙、海顿和莫扎特时代的人分享韦伯、舒伯特
和柏辽兹时代的感觉，岂不是过于苛求吗？我们当中有谁能

够在半世纪后完全自新呢？那唯一新的音乐天才，歌德在他生命圈内可以按照常情接受和同化的，就是贝多芬；我已经努力解释过种种误会的理由了。

不错，他并没有认识韦伯，舒伯特和柏辽兹的伟大和新颖。但是我们还得逼近去体察这些不理解中的一部分——尤其是关于舒伯特的。

是的，当那以十七岁年纪于一八一四年开始在音乐界露头角，而且，自翌年起，便把歌德十首以上的诗谱成音乐的舒伯特，在一八一六年写就他那可爱的《魔王》(Le roi des Aulnes)，并且托朋友求歌德接受他的呈献的时候，歌德并不回答。但他并不读乐谱。并非他不会，不过他没有工夫。然则谁弹给他听呢？谁在一八一六年认识舒伯特的名字呢？

十年后，那误解更严重了，当歌德一八二五年六月十六日同时接到门德尔松一首四重奏曲和那有着舒伯特亲笔写的谦卑的献词的伟大歌曲：《给克罗那士》(An Schwager Kronos)以及这两首：《给迷娘》(An Mignon)和《酌酒人》(Ganymed)这两首的时候，歌德很高兴地记下了门德尔松的来件，却不答复舒伯特。他真不可原谅吗？魏玛最好的音乐家胡穆尔直到一八二七年才发现舒伯特。至于那常得风气之先的玛利安娜虽然很热烈地爱好他为《东西诗集》里的诗写成的歌，并且还对歌德提及，她在信里却只忘了提一件事：作曲家的名字！

　　但是我们将有事实证明歌德在一八二五年至一八三〇年间听过舒伯特几首最有名的"歌"，而他的第一个动作是拒绝它们，对于《魔王》就是这样。有什么稀奇呢？歌德自然用诗人的眼光来看：他写了一首纯朴天真浣衣女之歌，几乎像小鸟般不假思索便吐露出来的；这歌在她和她的工作周围织就了一片歌谣氛围。……舒伯特却带给他一出风雨大作的浪漫派的幻觉的传奇剧：这些电光和雷霆和他那田园的牧歌的不相称使他生气了。他在那上面只看见浮夸与不智。他耸耸肩……我们仿佛听见策尔特对贝多芬的冷笑：

　　这些用赫拉克勒斯的锤来打苍蝇的人！……

　　如果有一种艺术上的恶习歌德不能容忍，就是那："不得当！……"

　　但是他尽可以任意责备那不顾他本意的艺术家的叛逆；难道他竟那么缺乏艺术的天性，不能体会那音乐的美妙，即使所产生的效果和他本意不同吗？

　　不，他能领略的。一八三〇年四月二十四日，当韦礼明纳到他家里唱《魔王》的时候，他被感动得深入骨髓，他的高贵的天性对舒伯特谢罪。他说："我已经听过了这曲，它丝毫不能引起我的兴趣。但这样唱法，它在我眼前构成一幅宏伟的图画。"于是他吻那启发他的少女的前额。

同样，下一个月（五月二十五日），他低头，无论愿意与否，——他终于在门德尔松在他家里弹贝多芬《第五交响乐》之前低头。

已经八十一岁了，他还有相当灵活的腿去跨过贝多芬和舒伯特在他路上挖下的大坑！这不算一回事吗？……我们且别说年龄已经在他里面冰冻了他那前进的生命河流罢！我们谁还能够有这弹力与冲动呢？

至于柏辽兹，他什么都没听见过。策尔特那封可恶的信，已经把柏辽兹的《浮士德》八幕歌剧淹没在他的恶言下面了，歌德永远厌弃它们了（一八二九年六月）。

最后，我在上面已经指出，他的不了解实在含有一大部分肉体上和精神上的个人的反感，以及这老头子对于新合奏乐所用的大锣大鼓的嫌恶。甚至斯彭蒂尼，他对他具有特殊敬意，也因为他的巫女的喧哗的合奏使他不安。——"这声音，"他对罗伯说，"快使我累了。"

罗伯回答他说人们对这终会渐渐习惯起来的，正如对于那最初也使人疲倦的莫扎特一样。

"但总得有个限度，"歌德说，"超过这限度我们的耳朵便不能不起反感。"

"当然有的！"那青年说，"但既然大部分听众都受得起，似乎很可以证明这限度还没被超过。"

歌德被放在事实的面前，低头了："也许罢。"

但是究其竟，什么都在这里了；而这也就是他承认新音乐（合格与否）的秘密理由：——"总得有个限度……"——对了。但这限度在哪里呢？……再没有比这更自然的，那老歌德和他的老策尔特在一八二九年间觉得那新音乐已经超过这限度，不独在工具的使用上，并且在情感的领域上。

　　　　它超出了人类感受性的限度。人们的精神和心力已跟不上它。

　　我们战前的作家判断现在的青年正是一样。歌德悲悯当时的青年受簸荡得太早了，"他们被时代的漩涡所牵引"，没有相当的凝思的工夫来树立他们人格的均衡。歌德一八三〇年已经交付给"喧响和动荡的晕眩"，而我们正以这喧响和动荡宣布（或庆祝）我们的一八三〇年。——实际上这是两个互相交替的时代的感受性必有的冲突，永远循着规定的进程曲线，——不过无论如何总不能超过最高度：因为尖锋越高，基础便渐渐崩溃，往日的感受性既然变钝了，琴键的整体仍然保留着差不多同数目的音阶。但是在同一座华厦里，心灵迁上了一层楼。机能的忍受既然这样一代一代地迁化，那些活过了普通的大限的人，必然地和这属于感官的节奏和强度上的变化相冲突：他们不能和新居的气候调协。

　　这在时代的进行中只是极平常的事，而这个在他的艺术生活初期（一七六三年）听到小莫扎特，又在临死时的前夕（一八三一年十月四日至五日）听到那后来变成舒曼（Robert Schumann，1810—1856）的太太和艺术女神的小克拉腊的人——这个人居然很堂皇地支持了两个不同世纪的试练。

　　　　　　＊　　　　　＊　　　　　＊　　　　　＊

　　我们这个对歌德的音乐心灵的鸟瞰会很不完全，如果只限于被动一方面：听与了解。一个强劲的天性无论接受什么，没有不把它经过繁殖后才归还的。歌德所过处，必定有所创造。

　　既然他的职业是诗人而非音乐家，音乐在他的诗的创造上留下什么痕迹呢？

　　首先有一个，歌德对它的重视和坚持似乎都足以使我们惊讶：——就是他要做"音乐剧本家"的热烈的倾向。我们可以说这是他的安格尔（Dominique Ingres，1780—1867）① 的小提琴 ②！他在这上面所费的时日和探讨努力的总和实在值得具有更大的成功与更好的对象，虽然常是失败，他却永

————————

① 安格尔　法国著名画家。——译者原注
② 安格尔的小提琴　意为"业余爱好"。

不肯罢手。

　　他轮流着尝试或计划"乐剧"的各种形式。一七六六年，刚离开童年不久，他便写了一出意大利歌剧的剧本：《被拐骗的新娘》（*La Sposa rapita*）。接着就是德国小歌剧，或散文小喜剧，以及小调与歌谣：一七七三年至七四年，他写了一出《埃尔文和爱尔眉儿》（*Erwin und Elmire*），奥芬巴赫（André d'Offenbach）为他作曲。后来，我们又看见他梦想和音乐家格吕克合作，因为老头子不肯接受他，他又选了一个年轻多才的长于音乐的朋友凯撒，希望把他造就成才。同时和他的女友歌萝纳合作，他变成了芭蕾舞（ballet）大师和创造者（一七八二年）。他初到魏玛的时候，无论写什么没有不想及音乐和歌的伴奏的。譬如那根据卢骚的音乐原则作成的"单人乐剧"《普罗色尔宾纳》和那仙幻的歌剧《里拉》（*Lila*）。也就是这时候他研究亨德尔和格吕克的朗诵法。但在魏玛，他所最欠缺的，是一个实施他的计划的音乐家。

　　一七七九年至一七八〇年，他跟着他的大公爵到瑞士去，其中一个动机便是要找着那住在苏黎世城（Zurich）的凯撒，和他合作一出瑞士题材的"小歌剧"：《耶利和巴特利》。他给凯撒的信很详尽，描写他心目中所需要的音乐。这次金诺尔（Quinault）指挥着吕里（Lulli）[①]。歌德在他的

――――――――――

① **吕里**　十七世纪的音乐家，金诺尔常为他写剧本，故云。――译者原注

戏剧里要三种不同的音乐：

（1）通俗民歌。

（2）把各种情感表现出来的歌曲。

（3）一个切合演员表情的有节奏的对话。

这对话保存风格的一致，在可能内建立于主题上，由音调的高低抑扬加以变化，但始终要维持着它的单纯澄彻的逻辑与线条。"这对话必须像平滑的金戒指，小调和歌谣是镶在上面的宝石。"

但那作曲家须先彻底了解剧本的性格！而这全剧的性格支配着一切歌调与伴奏！极小的乐队与极蕴藉的伴奏。"真正的丰富是在节制里。技巧纯熟得单用两个小提琴，一个中提琴（Viole），一个低音提琴（Basse）造就要比那用整个管弦乐队强得多。"木管乐器（Bois）只是调味的工具。我们要一件一件地用它们：或长笛（flûte）或双簧管（hautbois），或巴松管（basson）。这样我们能更舒服地享受我们清清楚楚地尝到的东西；反之，大多数新作曲家把一切同时捧给我们；结果是，鱼和肉，烤和煮同具一样的味道。

但是歌德对凯撒的失算，现在还不过开头而已。凯撒写得那么慢，歌德得把诗拿回来，交托给一个主持魏玛宫廷一切娱乐的贵族；歌德对这作品已经不关心了。

他并不放弃他的凯撒。他把他请到魏玛来。他徒然想使他习于世面，使他从那临死的格吕克的最后教训有所获益。

徒然！徒然！……可是，在一七八三年也竟写了五个"小歌剧"的剧本……

然后，他听了一个很好的意大利剧团，他立刻放弃那杂种般的夹着歌唱的对话体：轻歌剧；他想要（还是和凯撒一起！）写些完全歌唱的独幕剧（Intermezzo）、喜歌剧，自一七八四年至一七八九年，这五年间他努力从事于一出二个角色的独幕剧—— 斯加宾、斯加宾尼和医生——《戏弄，阴谋和复仇》(*Scherz, List und Rache*)。

关于这问题，他和凯撒的通讯比起他和席勒关于《威廉·迈士特》的通讯差不多占同样长的时间。显然地，他的命意远超过作品本身的重要。他想在德国创造一个"剧乐"艺术的新典型，而且企望他的"试作便是杰作"。但是姑且毋论他没有适当的助手，姑且毋论他同时还得训练他的音乐家的技术，就是他自己也完全是门外汉，须临时学习：Fit fabricando faber（熟能生巧）。不幸他在路上所采得的智识太慢，他发觉自己的错误时已来不及改了。一七八五年，《后宫诱逃》一剧把莫扎特启示给他，更使他发觉自己的弱点。用不着歌德的思索——莫扎特已经由本能，由热情，由天才，在德国舞台演出了一出音乐喜剧。这喜剧闪烁着欢乐又沐浴着情感，像一个乍雨乍晴的春日一样。歌德于是在他那遇事钻研的作品里发现那"理智的完全"的不可宽恕的枯燥：四幕剧只有三个角色，而且三个都是小人。现在，他计划要七个角色并且让感情占重要的地位。但是我们不能改造一个已经半冷的铜像，凯撒已经凝滞在最初的模型里，他缺乏弹性去追随他那伟大的合作者的精神上的演进。总而言之，是不可思议的时间与精力的浪费。一七八九年秋天，歌德，和往常一样忠诚，宣布他的工作破产的时候，承认那"巨大的工程尽废了"！

所剩下最持久的部分，或者是他和凯撒的全部通讯，里面蕴藏着一个坚实而且可惊的戏剧美学。歌德要作品里的一切都是跳动的——他对凯撒解释说这是一个无间断的富于旋律与节奏的动作。他反复申说了几遍：

我的最高的戏剧观念是一个无休歇的动作。

但是就在这一点，他仍然有太醉心于那"理智的完全"的概念之虞。他重新自制起来。他那听众心理的意识给他的剧场上的实践和他对于演员的认识磨锐了，使他承认实现之不可能。人类的天性实在不适于这样。休息和动作互相轮替；歌德同意把这动作和声音的漩涡留给他那剧本的结尾。（本能地，意大利的"喜歌剧"的大师们早已把这立为规范了。）

歌德对于音乐喜剧里的诗的节奏也作过长期的研究。在这里，他并不追随意大利人的足迹。和他们那流利平静，极

适于旋律的语言相反，他要在一切透露热情的地方把语言的
节奏打碎。他这时的理想，极富于莫扎特的色彩。丝毫也没
有学院派的浮夸气味：他想把美丽、动作和生命融成一片。
所以他把意大利的无味的、严肃的歌剧里一切冰冷的、规矩
的和夸大的东西全唾弃了。正如他初到罗马时所写的：

> 对于一切我都太老了，除了对于真理。

他从喜歌剧所感到的快乐便源于此！这意大利天性的极
坦白、极纯粹的溅涌。他梦想着要把那击石出泉的摩西的
杖带回德国来。莫扎特早已做到了！……不错，但莫扎特只
有一个。他又快死了。呀！歌德为什么延迟呢？为什么不赶
快跑向他那里呢？为什么缠着他的凯撒十五年之久呢？这凯
撒，他想照自己的意思陶铸的，无疑是一个好人，充满了尊
严、道德的高尚，甚或宗教的捐弃，擅长音乐，而且富于学
识的，但他的血脉太迟缓了——终于不过是一个消失在歌德
太阳里的黑影。

* * * *

一七八九年，凯撒决定归隐于他那苏黎世的幽居，直到
他死去（一八二三年）也没有离开——但歌德仍常常想念

他，并且对他这捐弃表示惋惜。

但这十五年不幸的经验并没有使他灰心。刚找到一个新助手，他立刻又从事于他的乐剧的大计划了。——这次，和他发生关系的是莱哈尔德。聪明，慧敏，永远在动，充溢着奇思，热情，火与生命的，——和凯撒正相反。歌德用不着费很大的力气去找他。他来了又来，写了又写，丝毫不使歌德安闲。

他和苏尔慈是柏林有名的歌曲学校的创办人，这学校在三十年间便布满了德国。它的原则是："作曲者应该是诗人的唱着的朗诵者。"字和音，词句和曲调应该是一体。——和歌德的意见并没有两样。

自一七八〇年，莱哈尔德热烈地爱好歌德的诗，不断把它们谱成音乐。他的"歌"里时有迷人的灵感，虽然经过半世纪之后，它的芬芳还未全散，他晓得体会歌德的匠心，抓住他的语调之抑扬顿挫。他很灵巧地同在一幕剧里使管弦的插曲和朗诵的剧词互相交替，又从那里到吟咏调，然后又到纯粹的咏叹调，变换它的节奏和表情的风格。他催歌德为他写一部歌剧的脚本。歌德受了他的兴发，想作一出抒情剧，剧中人物或取材于《奥士安》(Ossian)[1]传说。他想利用北

---

[1] 《阿士安》　马克法孙（James Macpherson，1736—1796）伪造的苏格兰史诗，十八九世纪之间曾轰动一时。——译者原注

方的神话和古史。

　　　　我已经想了一个纲领，你下次来便可听见……

　　我们仒油然想象那些诺伦们（Norne）①开始在阿波罗脑海里纺织瓦格纳歌剧《指环》（Ring）里的流浪者的命运。

　　同时，他再着手去写女王的项链事件，写成一部三幕喜歌剧《弄鬼的人们》（Die Mystifizierten）。

　　他和他的音乐家同在威尼斯；莱哈尔德不肯让歌德已经答应他的歌剧冷下去。但歌德的注意力渐渐分散了。这时候，自然科学的幽灵开始降临在他身上，他对歌剧不再有丝毫的兴趣。可是莱哈尔德继续鞭策他，于是歌德又回到芬迦尔和阿士安去。但并无结果。厄运追逐着诗人和音乐家。

　　莱哈尔德因为表同情于法国革命之故，不能在柏林的宫廷立足，失掉他那宫廷乐长的位置，同时也就失掉一切可以实现他的乐剧的方法。歌德呢，虽然做了魏玛剧院的院长（一七九一年），他那小城的戏院又缺乏实现他的计划所需的款项，连他的"小歌剧"都不能要人家在那里上演，又没有机会可以在德国另一个剧场演一出歌剧。而歌德永远不肯写一出戏，若不预先知道有一个剧场、演员和听众。他于

────────────

① 　诺伦　北方神话中的命运之神。——译者原注

是放弃他的作剧的计划，埋头于科学里（《色彩学》，1792年）。——同时，时势又不容人不"投笔从戎"，他便趋赴抗法的前线。

回来的时候，他和那过激与亲法的莱哈尔德的友谊便冷淡下去，加以席勒的怂恿，从一七九五年起，竟流为令人痛惜的绝交了。

策尔特占了那地位。一七九六年，他开始为歌德的"小歌"作曲。一七九九年，他们开始通信；而一经接触，他们之间便显出一种先定的和谐。自一七九八年起，歌德说策尔特的小歌是"他的诗的命意的绝对的写照"。一七九九年，他写信给策尔特说："如果他的小歌启发了策尔特许多曲调，策尔特的曲调也启发了他许多小歌；我敢担保，如果我们住在一起，我会比现在更宜于抒情的情调。"

然则他终于在 50 岁的时候找到他所梦想的音乐合作者吗？

——不。他将遇到不少新的失望，但他不说出来：因为歌德从不对别人诉苦，他把他的误算深埋起来。上帝知道他遇到了多少！

当然，他在策尔特身上找着了那最忠心，最真挚，最专诚的朋友，一颗植根于他心里又从那里吸取整个生机的灵魂，而当歌德死的时候，他亦将死去。而且，当然，这音乐家变成了他的"小歌"的思想最准确的摹写者：所以"他竟用不着"，他写给歌德说，"另寻新的曲调：他只把那些无意中在诗人里面浮荡着的拉回来便得了。"

但是歌德的固执的梦：要和一个音乐家共同创造一些史诗的和戏剧的伟大作品，策尔特并不了解，或者，因为自知无力去实现之故，装作不了解。一七九九年歌德把他的《第一个瓦普斯之夜梦》(*La Première Nuit de Valpurgis*)寄给策尔特，并把那想构造些伟大的戏剧的歌谣的意思暗示给他。策尔特并不抓住这机会反而要求一出歌剧的脚本。歌德从前曾经要写一出有合唱的希腊悲剧《女水仙们》(*Die Danaiden*)。但现在他的心已不在那上面了。策尔特的戏剧的合作只限于一些为《爱格蒙》和《葛慈》在魏玛上演的一些序幕乐。——几年后，他又要求一本歌剧《赫拉克勒斯》(*Herkules*)或《奥菲尔》(*Orpheus*)。但他丝毫没有想到为第一部《浮士德》(一八〇八年出版)作曲；他让那拉支威尔王子从事，来替代他。歌德徒然要他至少为在魏玛上演(一八一〇年秒)的几幕《浮士德》里的歌——譬如那精灵们的合唱，"消逝罢，你们黑暗的……"作曲，但策尔特总能找到摆脱的理由。那不幸的歌德竟不得不找他那殷勤的音乐总管事埃伯尔万，他那小乐队的指挥；以作曲家而论，埃氏是在庸碌之下的。一八一四年先用他的单人乐剧《普罗色尔宾纳》试验之后，歌德慢慢把他引向《浮士德》上去。他不辞劳苦亲自为他做那准备的工作：把最初几场"独白"缩紧，删去瓦格纳一幕，从开首到逾越节合奏："主已经和你们相近——主已经和你们共存！"做成了一幕独白，中间仅为地灵的出现和各合唱所间断。他很清楚地申明：浮士德该用一个极蕴藉的伴奏吟咏，地灵的莅临和显现该用传奇剧的方法处置，以及逾越节的合唱该要音调悠扬……埃伯尔万不明白怎么能够把音乐引入剧里。歌德很耐烦地为他解释全诗，把他的手指放在音乐的心的跳动上，努力要将浮士德打开诺士脱拉大牟士（Nostradamus）的奇书时，那在幻术房里流动的空气的幻觉的颤栗传给他……埃伯尔万并不了解……歌德只得放弃了……（一八一五年春）。

翌年就是我上面说过的要作一部圣乐去续亨德尔的《弥撒曲》的大企图：策尔特为这圣乐作曲，以歌颂宗教改革的胜利。但一部这样的作品的实现是那么遥遥无期！策尔特又那么够不上写它……歌德放弃了……（一八一六年）。

多少的捐弃！……而在这上面，在他身旁，贝多芬会多么快乐去跟他及为他工作，去为《浮士德》作曲，以及在他指挥下写一部亨德尔式的圣乐。

最后一次的打击是：一八一六年二月，他想在他的剧院给魏玛为德国的胜利演一出有音乐的庆祝剧，《埃皮明尼德之醒觉曲》。那些音乐家——他的音乐家们——竟讥笑他和他的作品！而且他们并不对他掩饰。歌德伤心了。他宣言从那天起，他再不许魏玛的剧院演奏任何用他的诗作成的新音乐。——这就是四十年要在舞台上结合诗与音乐的努力的结局。完全而且羞辱的失败！

可是如果他在剧场上遭拒绝，如果他自己，疲乏，失望，很少再到剧院听戏，他却没有放弃他的梦，他比什么时候都更不肯放弃：因为，他把它集中在自己心里——在他的思想的剧场上，他为自己创造了他那自由的戏剧，他那无形的歌剧，他那伟大的抒情剧。——这就是他的《浮士德》第二部。

关于这点，是毫无疑问的。我们并非胡乱提出一个假设。他自己已经说过。就是在这浩荡的河里倾泻他毕生积聚在他地窖里的诗与音乐的洪流。他要它的奏演具有管弦、歌唱、合奏，以及歌剧布景的全部方法。他很清楚地对埃克曼宣言：

> 《浮士德》第一部需要演悲剧的第一流艺术家。然而，在歌剧的一部分里，那些角色该由第一等歌者扮演。海伦这角色不能单由一个艺术家，而要两个大艺术家扮演：因为一个歌女同时是第一流的悲剧演员是极稀有的。

但是哪里去找一个作曲家——依照歌德的愿望——兼备"德国的天性与意大利的风格"呢？第二个莫扎特

吗？……歌德似乎并不急于找着他。你几乎以为他不再
想——或不大想亲眼看见他的杰作的物质的实现了！对埃克
曼的焦急，他很宁静地回答：

> 我们想期待着神明以后带给我们的。关于这种事，
> 丝毫不要着急。终有一天这作品的意思要透露给人们，
> 于是剧场经理，诗人和音乐家都在这里面找他们的好处。

他不关心于收获了。他不再固执要看他的心灵的杰作在
台上表演了。他已经在他心灵里看见它了。

这样就结束了那要创造一种新戏剧的毕生的努
力。——捐弃和归隐在自己里面。

第二部《浮士德》因此真不知多获得了几许的价值，既
然它是歌德积聚在自己内在剧场里的诗与音乐的梦之总和。
这令一般艺术批评家仓皇失措的打破一切传统形式的浩荡的
作品又怎样地自己辉映着呵！这正在创造初期的宇宙，当神
灵还在水上行动的时候，依旧期待着第二个歌德——那音乐
家——来创造光呢！

＊　　　　＊　　　　＊　　　　＊

但是我并不愿意上面几句话令人误会我把《浮士德》第

二部当作一个巨大的歌剧脚本。一个歌剧脚本不过是一首诗
之一半。歌德的一件作品，即使专为音乐写的，却是一首半
诗。它本身已经含有音乐。正如我在本文开始时所引的那句
诗所要求的：——"别只默诵，要永远高歌!"——它是一
首歌。不仅是一首歌，简直是一个乐队。在这《浮士德》的
第一及第二部里，它有时已经预告，甚或超出，浪漫时代一
切瓦格纳式的管弦乐的幻剧以外。

　　斯必达看得很清楚：虽然歌德的老耄的感官拒绝贝多
芬，舒伯特和韦伯的新音乐，他自己却是一个他们用他们的
壁画来说明的诗宇宙的创造者。而，从诗的观点看来，他
创造了一个超越他们的音乐。没有音乐天才——已往或未
来——能够在一首小歌里完全达到歌德一些小歌的意境的；
它们往往在两行内藏着旷邈的"无垠"：

　　　　……

　　　　一切的峰顶

　　　　沉静……

　　　　……

　　　　那……

　　　　穿过胸中的迷宫

　　　　徘徊在夜里……

斯必达说过这句深刻的话："它们太富于音乐了，不宜于谱成音乐。"只有管弦可以侥幸去唤起它们的幻影。但所得不过是它们的氛围，那灵幻的球，——然而只是一个空球而已。这些掀起音乐的海的伟大光波将永远欠缺那准确的字眼去把它们连系在一起，并把心灵集中在它的铃记下。

歌德创造了一种"字乐"，他自己知道。因为，当他指挥着一队朗诵者和剧员的时候，他想对他们施行那音乐的语言的最严厉的规律。尤其是在世纪初，一八〇〇年至一八〇七年间，他实施这规律，要他的魏玛音乐队受他那严酷的音乐长的监督。这并非一个譬喻。因为他有时竟用界尺来指挥戏剧的演习呢！这时候，和席勒一样，由于对自然主义的反动，他要悲剧拿歌剧作典型。他要一班剧员等于一个乐队，里面每个乐手都隶属于全体，每个都依时演奏他那部分。

"在一个交响乐里，"威廉·迈士特 [①] 对他的剧员说："没有人以高声作另一人的奏演为荣；每个都努力要依照作曲家的精神和情感弹奏，努力要把交托他的那部分，无论重要与否，表演得恰当。何况我们栽培一种比任何音乐都精微的艺术，要把人生一切最难得的和最平凡的都表演得妥帖有

---

① **威廉·迈士特**　歌德的小说《威廉·迈士特》的主角；这里即用他的话代表歌德的话。——译者原注

趣，岂不应该用同样的准确，同样的机智从事吗？"

现在威廉既因王子的恩宠有权去指挥菲琳（Philine）和全队演员——（他以此自诩！但这并不持久：菲琳和王子同睡，全队戏子也当面讥笑他）——他可以实行他的素志了，他指挥他的戏子，和一个乐队长指挥他的歌者及乐队一样。他很严厉地要他们遵守他的紧严的节拍，动作和色调：强，弱，渐高，渐低。一八〇三年，他在他的《演员规则》（*Regeln für Schauspieler*）里写下他的主张。他在那里面称朗诵为"散文中的音乐艺术"。他在《麦辛纳的未婚妻》（*La Fiancée de Messine*）的页边像在一本歌德的乐谱上一样把朗诵的抑扬顿挫的色调通注下来：

"这里，低沉地……"

"这里，清楚些，响亮些……"

"这里，哑重地……"

"这里，深沉而且颤动。"

"这里，另一个快许多的节拍。"

他觉得这些标记还不够：和当时的音乐家——譬如贝多芬——一样，他需要一个梅尔焦尔（Maelzel）的节拍计（métronome）。他为他那"音乐的语言"学校立了一个，在那上面写下每个字和每次静默的期限。他甚至根据毫米来画出每个标点符号：

————————，

————————————；

————————————————：

————————————————————！

————————————————————————？

——————————————————————————————。

这对于规律与德国式的训练的爱好，有时几乎把他里面的创造冲动冰冻了！在诗底下显露出一个伍长的面目……这样的方法似乎会达到一个军队式的机械性，但是据格纳士（Anton Genast）说，这大教师只把这机械主义施之于初学的人，等到他们渐能自主的时候，便渐渐弛缓了。

不仅是剧员要守乐队的规律。诗人自己的创造也遵从音乐的精神。就是当他的艺术成熟的时期（一七九六至一八〇六），他有时也在未创作之前先用些无秩序无意义的字标记全篇的节拍和音调。对那些要他尊重节奏和用韵成法的人，他答道：

　　　让我先享受那音乐罢！

但这音乐并非音乐家的音乐。他自诩创了一种与别人不同的完全属于他个人的音乐，而且他觉得远胜那没有文字

的。既受这后者浸透之后，诗王便重新握起那片刻不离的
王笏：

> 人类的美丽语言的价值，他对克内布尔说，远超
> 过歌的价值。没有什么可以和它相比：它的高低抑扬，
> 对于表现情感，是不可胜数的。就是歌也得回到单纯
> 的语言；当他要达到情节和感情的极峰的时候，这一
> 点，一切伟大的音乐都知道的。

这样看来，对于他，音乐并不是诗的完成，像一般大音
乐家所想象的。诗人的语言才是音乐的完成。

其实两方面的话都是对的。只要致力于两方面的人都是
天才。因为两者都包揽了那内在的世界，那完整的自我。如
果用来抓住和表现这内在世界的元素的分量不同，元素的总
和依然是一样的，一个歌德是诗中的音乐家，正和一个贝
多芬是音乐中的诗人一样。而那些单是音乐家和那些单是诗
人的人，不过是些列国的诸侯。歌德和贝多芬却是"灵魂宇
宙"的至尊。

贝婷娜

自从我那两篇关于歌德与贝多芬的研究在杂志上发表后，在这短期间内贝婷娜的传记又增加了许多可以烛照她那丰富复杂的人格的新文献。主要的源泉打开了。威特士多尔夫的私人档案，阿尔宁穆的家产，里面堆积着贝婷娜的遗墨，从前是在她那卑斯麦的故交，生性极其保守的次子西格门的严密监守之下，不容丝毫凡眼窥探。在他过世之后，少数有特权的人遂得以细心探讨，把贝婷娜和歌德的信互相对勘。但是一大堆信札和草稿依然原封不动。到了一九二九年，一切都卖光了。虽然德国的舆论，深受这散逸的感动，引起许多私人慷慨仗义，几乎立刻就把它买回来，并把这文献的核心（一切以歌德为中心）重新收集起来，——但一部分已经随风飘散了；许多"古玩店"的目录都容许我们瞥见"歌德—贝婷娜"之谜的未发现的角落。——一角帷幕揭开了，特别是关于一八一〇年八月在特普里兹的时期，我在第一篇研究里曾经提及而且在贝婷娜心里留下了一个给歌德很不谨慎地引起的深沉的烦乱。

在未将一封很亲密的信（在这信上面一般歌德崇拜者似乎有意把那刚揭开的幕重新闭起来）在这里发表之前，我想对那些比德国读者没那么熟悉的法国读者略略重温这部活小说，贝婷娜对歌德的热情的主要历程。

那是一个奇诡神秘的故事，一场那女主角须臾也摆不脱的生之梦，一个像与生俱来的命运一般不可克服的自我暗示，而且，——（贝婷娜会这样说）——一个超出坟墓以外的爱的再生。

她母亲，玛思米利安娜·拉·萝斯（Maximiliane La Roche），那美丽的莱茵女，曾经见爱于歌德，当歌德才二十三岁，玛思米利安娜十六岁的时候（一七七二年至一七七三年）。这缱绻的温情并非暂时的。但玛思米利安娜十八岁便出嫁，并卜居于法兰克福了，就在那里贝婷娜于一七八五年四月四日出世。

在她母亲早逝（一七九三年）之后，贝婷娜长大于女修道院里，完全和诗人们隔绝。到了十七岁才读到歌德；开头，她并不了解他（一八○二年）。在接着的几年中，她渐渐受他的魔力所浸润，她那爽直坦白的健全天性把她和卡沙尔（Cassal）圈子的恶意假正经隔开，这后者对于《爱格蒙》的粗俗和作者的乏味表示厌恶。但诗歌对她的纯洁吸力丝毫没有私人的色彩，直到一八○六年六月，她到奥芬巴赫寄居于娘家，发现了歌德从一七七二年至一七七七年间写给她祖母苏菲·拉·萝斯的八十四封信，里面充满了那青年对于母亲的爱。

这启示对于少女有着一种雷殛似的影响。她把全部信札反复抄了几遍（其中一本曾于去年拍卖）。她把它吸收为己有。于是从那时起，这热烈的梦想者（她那狂热的眼睛却那么会啜饮这世界的美），便在自己心里装上那歌德曾爱过的早逝的女人的心了。这其间具有一种寤寐不忘的心灵现象，美丽，动人，危险，建立在科学上而什么都不能抹掉的。一八○九年十一月，她在一种痛楚的陶醉里写信给歌德道：

> 我真相信我从我母亲那里承受了这感情；她必定曾经和你深交，她必定曾经占有你，当我快要出世的时候。……

她究竟想象些什么呢？说她是歌德的"女儿"——das Kind——吗？无疑，她是歌德的"爱"的女儿，而这爱，以死亡的形态，被从坟墓送还给爱人，送还给情人。

这痴情晓得怎样马上找着了那最宜于吐露的环境。在她发现这些信的秘密的同一个月内，她跑到歌德的母亲阿雅（Aja）夫人那里：这母亲，当她说起她那为法兰克福和魏玛间的距离（几个钟头，可是简直等于整个永恒）所无可奈何地隔开的"小孩"时，是和她一样痴情的。……这两个老和少的情人在一起，两者都充满了幻想，两者都带着一颗热烘烘的心，在她们共同的"神"的爱里相爱着。那老者向着那年轻者的耳朵滔滔不竭地灌注她那关于歌德童年的琐碎和欢悦的回忆；贝婷娜呢，像一片干土似地吸饮着。你可以想象，在这种制度下，痴念能不萌芽开花！

翌年春天，她第一次探访歌德（一八〇七年四月三日）……那时旅行并非易事。到处都有战争。她陪她姊夫和姊姊从卡沙尔到柏林，然后再从那里到魏玛。两个女人都扮男装……这可不像《如愿》(Comme il vous plaîra)①的一幕吗？……终于，贝婷娜到了歌德的门口，心砰砰地跳着，几乎要晕过去。她带了韦兰（Wieland,）一封介绍信，称她为已死的朋友和爱人的女儿和孙女……我要不要重述这次那么有名的探访呢？贝尔格曼（Fritz Bergemann）把它叙述得极其真切；他把贝婷娜后来改编过的故事仔细审视过，证实了那主要的部分，并且很得体地表达了当时的情感。那同时为老人和少女所分受的情感……对于他，多少的回忆呀！那的确等于一个亲爱的死者来看他……对于她呢，一个多么复杂的情感的激流，快乐，恐惧，惊愕，倏忽的丧气和骤然的平静……以至于，由于一种我们有时很蠢笨地嘲讽的奇怪的反动，——但是多么自然呀！那精疲力竭的少女竟失去了知觉，并在歌德的膝上和怀里睡着了……这无疑地只是一刹那，或许只是霎时的晕倒……歌德爱护备至。他深深地受了这小迷娘心里的情感的原始暴力所感动。他对她说了很久的

---

① 《如愿》　莎士比亚的喜剧。——译者原注

话，把那开门邀他出去散步的好奇和不知趣的基士梯安娜一手拨开了。他和这"过去的女信使"重新过那年轻的时光，他感到他的青春从他那装腔作态的魏玛醒过来了，并且，用一种象征的手势——对于这年轻的梦游者是很严重的，她把它解作神秘的订婚——他把他一只戒指戴在她手指上。

然后，歌德看出危险来了。当那狂热的少女把她那相思般的沉醉写给那赶紧在火上添油的阿雅夫人的时候——当那老太婆把贝婷娜颠倒的情形转述给她儿子的时候——歌德皱起眉头了，他把自己禁闭在一种阴郁的缄默里。对贝婷娜最初的几封信，他一个字也不回。

回信既不来，贝婷娜便亲自去取。一八〇七年十一月初，她回到魏玛去，而这次，却伴着她许多家人，克里芒士（Clemens）、阿尔宁穆、她姊姊工达（Gunda）、她姊夫沙韦尼（Savigny），她在魏玛住了十天，差不多每天都看见歌德；歌德也引以为乐。贝婷娜知道这个，特别显出她的长处；她有着一种天真和任性的美媚，足以逗你微笑，打动你和诱惑你的。她整个儿交给她那率直的天性的冲动。在这些亲昵的谈话，这些挽着歌德手臂的散步期间，两人的亲密进展得那么快，以致几星期后，当他们重新通信时，tu① 这称呼已经安插于贝婷娜的信内永不离开了。

———————

① tu　"你"，别于比较生疏的 vous "您"而言。——译者原注

　　歌德还极力抗拒。他等了一年多才采用这称呼。但那vous（"您"）不过是一个极薄弱的藩篱，一种假面具，已经不能威吓贝婷娜了。十一月十日，分手的时候，他吻了她。他不只用"你"来称呼她。她写给他那些热烘烘的话，他把它们嵌在两首鲜艳的"商籁"（十四行诗）里寄还给她。这简直像他走进贝婷娜的身内，占有她，以致和她合体一样。对于我们这些认识艺术家的真相，和他们那欺人的塑造能力（他们的恶习惯）的人，这种文字的召唤把戏自不能愚弄我们。但试想象那钟情的贝婷娜该怎样对自己解释！……一八〇八年二月，她对歌德说在他之前她从没有看过男人一眼，这使她想起她的青春在不知不觉间消失，非常难过……"但现在呢，我有了你！……"

　　她聪明地不仅对他谈爱，也和他谈诗，谈《爱格蒙》，关于这诗，正如不久以后关于《选择的引力》（*Affinités sélectives*）一样，她很深刻地感到而又能深刻地表达出来（她在歌德的艺术里，像在一个大海里一样，所领略的是那原始的享受）；她和他谈论音乐，在这上面她显出一种男性的趣味；她爱策鲁宾尼的《墨迪雅》（*Medea*）和格吕克的《依菲芝妮在多力德》（*Iphigénie en Tauride*）。而且，受她的心和智所诱导，她变成了歌德家庭音乐队的乐曲供给者；她也把许多奇怪的文件寄给他；她比当时他那圈子内任何女人都知道怎样去引起他的智慧的兴趣。

在阿雅夫人逝世之后（一八〇八年十月十三日），歌德的信变得亲切得多了。现在他母亲死了，只有贝婷娜拥有歌德的被忘记了的青春——她从那老好妈妈口里采集的整个记忆的宝库。次年，他对她说：

> 你的信使我非常快乐；它们令我记起我从前或者和你现在一样疯，但无论如何比现在更快乐更好的时候。

而这微笑几乎遮不住一种惋惜，一种惆怅。这亲挚的曲线，在接着的几个月里，继续上升：歌德再也挡不住那狂澜了。以至于，每当贝婷娜几个星期不写信的时候，歌德便忍受不了那缄默了。一八一〇年五月十日，他写信给她说：

> 亲爱的贝婷娜，许久得不到你的消息了；我不能动身到卡尔士巴特去，要不先问候你一次，用信来探访你，和得到你的消息。你的书信和我同行。对于我，它们得要在那边替代你的爱影……（我们可以感到他极力矜持）……我不再对你说什么了：因为其实人并不能给你什么：要不是你全给，就是你全拿……

而，就是在那将届的夏季里贝婷娜碰见贝多芬，而且，心里充满着他，她在特普里兹和歌德相会，并且和他一起逗留了三天（一八一〇年八月九日至十二日）。

    *   *   *   *

  这三天怎样度过了呢？从歌德在贝婷娜去后所写给她的信的不平常的热烈看来，我们感到贝婷娜的苏丹对她的恩宠已经达到最高度。我在第一篇文章里曾经说过。但我们的叙述有很多大漏隙。贝婷娜那封长信（从一八一〇年七月六日至二十八日）在她提到贝多芬的一句话处突然中断。然后，在七月二十八日和十月十八日之间，她和他的通讯里有着一大段空白。这是最不可解的，因为在她离开特普里兹五天后歌德写给她的信里（八月十七日），歌德带着一股极不平常的火焰提到贝婷娜留给他的几张纸，他说"读了又读"，又提起另一封刚寄到的信……他究竟怎样处置它们呢？这些信贝婷娜在歌德死后（一八三二年八月），穆勒参事交还她的许多信札中并没有找着。它们究竟说些什么话呢？——而且（对于一个这么不好隐瞒，有时甚或喜欢夸张她的情感的人，这是多么可惊异的事！）这些信，贝婷娜并没有把它们重写，她永远不愿意重新拨动这些日子的灰烬！

  下面的片段便是这灰烬的点滴，去年从那些被拍卖的贝婷娜信稿中找出来，没有一本论述她的书曾经提起过的：

这是暖烘烘的八月的黄昏……他坐在开着的窗沿上，我站在他面前，两臂抱着他颈脖，眼光像一枝箭似地射入他两眼的深处。或许因为他不能再忍受下去罢，他问我热不热，想不想享受点清凉。我点头答应。于是他说，"敞开你的胸膛罢，让黄昏的空气润润它！"因为我没有表示反对，虽然脸已发红，他解开我的衣裳，望着我说："黄昏的晕红染到你的颊上了。"他吻着我的胸膛，并把额头搁在那上面。——"有什么稀奇！"我说，"我的太阳落在我胸上呢。"他定睛望着我许久，我们都沉默着。他问道：——"还没有人抚摩过你的胸膛吗？"——"没有！"我说："你触着我时，我觉得怪异样的！"于是他吻遍了我的颈脖，一次又一次，而且非常猛烈……我怕起来……他该放开我；可是同时又非常之美！这降在我身上的幸福使我感到说不出的苦恼，我不由自主地微笑了。这些颤动着的嘴唇，这窒塞着的呼息，简直和雷霆一样。我整个儿都摇动了，我那些天生蜷曲的头发蓬松地垂着……于是他说，那么低沉地……"你好像暴风雨，你的嘴唇闪电，而你的眼睛行雷。——"而你就像宙斯，你一皱眉，整个奥林匹斯都抖颤起来了。"——"将来，当你晚上脱掉衣裳，而且星光像现在一样照着你的胸膛的时候，你愿意想起我的吻吗？"——"愿意。"——"你愿意想起，我很想把我的吻，和星斗一样无量数，印在你胸上吗？"……现在想起来真使我五内破裂，我真愿意像一朵云一般化为泪水……千万把我在这静夜里交托给你的严守秘密！我还没有对任何人说过……

它还热得炙人呢，我们刚才拨动的灰烬！而且，给它的微光所烛照，歌德在几天后所写的那封信，以及（虽然歌德所提及的那几封贝婷娜的信已被毁掉）那些还保存着的从一八一〇年冬至一八一一年的信是怎样地昭然大白了呵！

那最可爱的一封，贝婷娜，你的信真令人相信最后一封就是最可爱的。对于我，你在动身那天早上带给我而且我贪恋地读了又读的几张纸就是这样。但现在最后一封来了，它竟超过了其他的一切。如果你能够继续这样超越你自己，做罢！你既带走了那么多，你从远处寄还一些来是很公道的。……

这封信上还夹了一张短简，要她别把回信寄特普里兹或魏玛，而寄到德累斯顿（Dresde）一个第三者的住址。

歌德还继续写道：

　　Wie ominös! O weh!……（多不祥！唉呀！）天呀！
这封信将包含些什么呢？……

　　我们也很想知道呢！它究竟包含些什么呢？还有接着的
那几封信？因为一直到十一月还有好几封信。那未遭毁灭的
通信就在十一月二十五日重新开始，当歌德回到魏玛后写给
贝婷娜说，他老早就应该感谢贝婷娜，"为了你那些可爱的
信（我都一封一封地收到了），特别是为了你那八月二十七
日的回忆……"——不见了，那回忆，和其余一切一样！
我们知道歌德从他八月十七日那封短简后便不再有回信。他
已经把距离放在回忆和他中间了。现在呢，他不得不回到那
上面去，我们还可以追踪他怎样试去拨开贝婷娜过度兴奋的
热忱的踪迹：——他将要利用这热忱（呀！他多么会操纵
人心呵！）去问那倾心于他的女人要那些由阿雅夫人交托给
她的有名的秘密，那一大堆他已经忘掉和使他感到不安的童
年的记忆。因为，谁知道朱丽叶的乳母究竟对罗密欧关于她
的婴儿说了些什么话呢？……他所要求于贝婷娜的是一个极
大的牺牲。这些回忆已经变成她独有的宝库，谁都不能进去
的了。贝婷娜该是怎样地驯服于爱情，然后才甘心退让呀！
（我们感到这使她多么心疼！）但是歌德还有比这更顺利的时
候去从她那里取得这大牺牲吗？

　　她牺牲了。但她并不完全受骗。在十月四日的回信里，

她对他这样表示：

> 你写信给我总有一个动机！但我只留心你的信尾：
> "爱我一直到再见的时候！"要是你没有写下这最后几
> 个字，我也许会提防上面的话，但这唯一的友谊的表
> 示把我浸没了……千万个温甜的思想把我羁绊住了，
> 从昨天晚上到今天晚上……现在呢，你所求于我的对
> 于我有这么大的价值，我以为配得上赐给你……

于是她为他打开了她的记忆的神龛。当她把这些记忆交
给他时，她所给的可不还是她自己吗？因为，她曾经用过一
个极美丽而让我们感到它的深沉的诚恳的比喻说：

> 我是一座被这些记忆薰香的花园。

而她将洒给他这些一簇簇过去的花朵，让他把它们重植
于他的《诗与真》(*Dichtung und Wahrheit*) [①] 里面。

但从这刻起，我在贝婷娜的信里发现另一种语气了。
烦扰，忧愁，迫切而沉重难负的热情，要向歌德左右报复
的轻蔑的发作，尤其是对那家神策尔特，许多乌云堆聚起

———————————

① 《诗与真》 歌德回忆录。

来了……

　　"自从我们一起在特普里兹之后，我再不能对你恭
维了……"
　　"有一次我曾登上山顶，什么东西坠着我的心
呢？……"

歌德丝毫不提起信里这些暗示，无论是热情的叫喊，对
策尔特的攻击，或这狂热的梦游者关于音乐的充满了夜里深
沉的光的奇异的独语……他避免去扰乱她。他不想错过他的
光阴。他只收采那些从他母亲承继下来的无价的故事。永远
是贝婷娜给，给……

　　但是他所给的可不一样多并且更多吗？——既然她爱
他，既然他是她的生命，试问问她罢！

　　　　如果你知道只要你一句话便把我从一个压人的梦
魔解脱出来！对我喊罢：——"孩子，是的，我在你里
面"——于是一切都安然了……对我这样喊罢！……

当他不需要贝婷娜的时候，歌德无疑地要厌烦起来的，
觉得自己对于别人那么不可少，实在是一种累赘！这贪婪的
心！它要求歌德"在它里面"，属于它！一个像歌德这样的

人只能属于那些不妄想有权驾驭他的自由的人。所以他宁愿喜欢他那驯服的胖基士梯安娜比贝婷娜的痴情的苛求多些。

其次，他们中间有着一个深沉的误会。贝婷娜所爱的歌德已经不是现在的歌德了。她所爱的歌德是她母亲时候的，是那写第一部《威廉·迈士特》时候的……——哪里是当年的白雪（和火焰）呢？……莫里兹·卡里尔问爱克曼关于歌德和贝婷娜的关系，爱克曼答道："她时常都爱他，但她往往使他生厌；她想加给这老人一些他年轻时已经实现了的苛求。她对他说：'什么艺术和古代有什么意思呢！你该写一部《葛慈·冯·柏里兴根》(*Götz von Berlichingen*)，那要好得多！'——"我已经写过了，"他答道，"什么都有它的时候。"

我不再述那自一八一一年起，由歌德的坚决的意志所发生的他和贝婷娜之间的致命的决裂，虽然贝婷娜用尽方法要言归于好。基士梯安娜是引线。但是即使没有基士梯安娜，决裂也将一样要发生。贝婷娜徒然在一八一一年重新给歌德写信。歌德再不回答了；而贝婷娜要冷不防地回到歌德家里的尝试只足以使歌德觉得更可恼。

可是日子久了，歌德终不能不深爱这被拒绝的女友不倦的忠诚，特别是（人类的弱点！）被她那要为他在法兰克福立纪念碑的计划感动。也很愿意让她知道这个……

命运安排好的无上的慰藉！在他死前十二天，一八三二年三月十日，从贝婷娜那里来了一个年轻的使者，她的次子西格门·阿尔宁穆年方十八岁。他母亲的信对歌德说，"在这孩子身上再吻我一次罢！"……歌德刘他极慈爱。他请他到家里吃饭，每大都见他，一直到他得了他那永不能复元的病那一天。迷娘的儿子是他最后一个客人，而他写在西格门纪念册上的诗就是他对世界的最后临别赠言。那少年离开他时他已经病得很重，到法兰克福便得到他死的消息了。我们还有他从那里写给他母亲的信。贝婷娜很关心歌德还记不记得她，以及他说及她什么。那儿子只能回答她说歌德极称赞她的才能：

> ……这对于你会显得很少，很少。于我却不然。如果你亲眼看见他，看见他仿佛已不活在这世上，而只在这里面翻阅像翻阅着一本书一样，你就要大大感激他还那么殷勤探问你的消息了。

一天晚上，大家都得到这噩耗了，但没有人敢对贝婷娜说及，她半夜从外面回来，在桌上找到一张报纸，才从小新闻栏里得知到。我们可以想象那夜是怎样过的。但我们会猜错，如果我们以为这妇人，其实比一般人可想象的刚毅得多，会沉没于一种浪漫式的悲痛。那射进她心里的箭并不能达到她为自己所创造的歌德——她在自己心里所占有的歌德。不仅这样，她还可以说：

> 你再不能抛开我了！现在我永远占有你了……

她在一八三二年四月写给穆勒参事的信证实这的确比死还坚强的爱情的高贵：

> 歌德的死确给我一个深刻，不可磨灭，但丝毫也不悲哀的印象。如果我不能用文字来传达我所感到的诚实的真理，我却可以用意象来表出那光荣的印象：——从死者们当中复苏，蜕换了容光，他将在天上认识他的朋友们，对于他们，他一直到最后一口气还是他们的灵魂食粮……我就是属于那些只在他身上才有生命的人。我并不说及他，我是对他说的；而他的回答大足以偿我的损失：他不让我任何一个问题得不着答案；他不吝啬任何的温情，不拒绝任何的请求，他终于向着他那过去一生都为他准备好的永久幸福开花了，我怎能不感到快乐呢？现在我的义务就是紧紧地黏附着他，以致没有别的事体对于我有更高的权，并使此后生命所带给我的一切都营养着我和他的交情。于是，在我居留于这下界的日子当中，那值得继续存

在的将证实我的爱情和他的祝福的悠久。

　　她实践了她的话。如果他的余生并不能免掉弱点——
（为什么她要能够免掉呢？她是女人，而正因为这我们才爱
她）——她剩下的生命都完全受支配于两个她自幼便献身于
她们的天才。——爱和梦——*Traum und Liebe*……我们可以
这样称呼她在一八三五年发表的有名的通讯：《歌德与一个
孩子的通讯集》(*Goethes Briefwechsel mit einem Kinde*)，在
那里，她把原信重新写过，把记忆所引起的内在生命的潮流
灌注进去。我们怎么能够用严酷的眼光对她呢？后来，历史
曾把她校正，把梦和现实筛选过。但它终该证实了她心的忠
诚。如果这伟大的痴情女的心有时把她的梦绣在故事的背景
上，她从不曾有意去改变那画布，她的爱情和她的存在都有
几分属于神话；于是她所接触过的都变为神话了。可是，她
是的确存在过的。如果关于别人她陷于错误不止一次，关于
她自己，她没有陷别人或自己于错误。

　　　　　　＊　　　　　＊　　　　　＊　　　　　＊

　　这热烈的生命距离被完全描画出来还远得很呢？她和歌
德的关系几乎完全吸收了历史的视线。但无论这爱情多么强
烈，别以为贝婷娜的宇宙便完全被关在那里面。在这宇宙里

燃烧着记忆的火焰；但它的界限实远超出歌德的生命甚或他的思想的天边。

且别提贝婷娜的文艺活动，它那丰饶的产品已经有一部分有人在研究了……关于她对于音乐的意见——关于她和当代许多最著名的人物的通讯：阿力山大·冯·洪波特、雅该和威林·格林姆、思莱尔玛赫、爱曼奴尔·阿拉果、莫里兹·卡里尔、彼得·可奈卢斯、埃曼奴尔·该布尔、福尔士特等。而终于，关于她的政治活动，我们还有许多可说呢。

她的政治活动是这么显赫和高尚，我以为对那些完全不认识它的法国读者略略说几句不是无用的。我们就要看见，如果那老歌德不会赞成她，贝婷娜对他那二十五岁时的柏洛米修士的榜样比他自己却还要忠心。

自一八四〇年起，社会正义和政治自由这些观念占据了贝婷娜。贫困的声音，被压迫者的呼喊，老百姓的反抗，在她身上实不止找着回响而已。她亲自参加。她直接行动。各种场合的巧妙的会合和她已获得的权威使她能够并敢直接诉诸最高峰——诉诸各王子，诉诸普鲁士王。对王公的尊敬和惧怕犯上的心都不能阻拦她。她高声而且坦白地说话。她为自己创造了一个国王的理想——他应该是社会的公仆——并且自夸能把这理想硬加给他们。"一切都是民有，"她写给符腾堡皇太子（Wurtemberg）说，"让王子节省，但让百姓们得免冻馁罢。"这给歌德用香油涂过额头的女先知对于他们的伟大的期望使他们觉得又荣幸又畏怯。他们不敢遇事抗议。一八四八年临近了，她的影响削弱了王族的势力。后来，这势力得要很艰苦才恢复过来。

贝婷娜在柏林有一个伟大的同志：阿历力大·冯·洪波特（Alexandre von Humboldt）。和她同是歌德的光荣队伍中最后的未亡人，他极力赞助她，为她的书籍辩护去抗拒他们俩所最憎恶的检查，他把她的书信传递给国王；两者都丝毫不隐瞒他们对国王的谴责。他们俩完全是一个力量；国王腓特烈·威廉第四极畏惧他们的意见。贝婷娜的孙女以兰·佛尔伯·摩色夫人曾经告诉我许多未经发表的有趣的回忆，描写她像波尔思亚（Portia）①，怎样百折不挠地为社会阶级的牺牲者辩护。"在一个当普鲁士还没有众议院，没有出版自由使反对的言论可以得到观听的时代，贝婷娜是把一切怨声带给国王的人。"

去年拍卖她的手稿时所陈列的许多文件中，我最先注意到诗人和教授法勒士黎宾为了他的《恶政歌》（*Unpolitischen Lieder*）而失宠和被撤职的案件。其次便是那大制造家施勒弗尔（F. W. Schlôffel），西里西亚织布工的贫困代表的发言人，犯共产和大叛逆的嫌疑而入狱。贝婷娜赞助他的主义，亲自为 *Armenbuch*（《贫民册》）搜集了许多材料。一八四六

---

① **波尔思亚** 莎士比亚戏剧《威尼斯商人》女主角。

年，那波兰革命家米罗士罗斯基（Mieroslawski）已经下狱并被判处死刑了，因为她的有力干涉而得救。一八四九年，革命家景克尔（Kinkel）被判处死刑。贝婷娜日夜为他尽力，写了一封又一封的信给那用同样顽强答复她的国王。我藏有她许多未经发表的信稿，语气异常激昂：

> 你说景克尔受了一些不正当的动机驱使。这或许是可能的，但是把一个人判死罪只因他受累于社会这愚笨的举动，以及一条批准这举动的法律，实在使我不能不反抗……问题其实只在于他的过错！而并不在于这特殊的某人。问题在我们不该流一个已经受至尊掌握的人的一滴血。

我们得承认国王这么忍耐和尊敬地听受这"反抗天使"的谴责，实在是他的光荣不亚于是贝婷娜的光荣。关于米罗士罗斯基，他写信给她道：

> 你爱好而且要求忠贞和真诚。你两者都具有。但忠贞和真诚并非因出自一个国王的口而不是忠贞和真诚。

但贝婷娜继续激奋下去；她那激烈的言论终于伤了国王的骄傲。一八四七年终，他们竟闹翻了。同时，贝婷娜因为和柏林市政府发生冲突，犯侮慢尊严罪，坐了两个月的监牢。她写给宝莲·石坦芮色（Pauline Steinhauser）说：

> 你责备我的政治倾向。我从没有不受一个内心迫切的驱使而从事什么。而我的举动至少对人类并非无影响。因为许多人的头还在他们肩膀上，如果我不拼命奋斗去把它们保留，老早就丢掉了。

一八四八年的各种运动得到她的参加——正如得到歌德和贝多芬的另一个女友威廉敏纳·施勒特·德魏连（Wilhelmine Schroter-Devrient）的赞助一样。贝婷娜在她的信札里攻击国王的叛逆，而赞扬民众。但对她的诽谤和憎恨堆积起来。一八四八年四月她写给宝莲·石坦芮色道：

> 你可以相信如果可以把我扔进墓窟的话，他们老早就干了。

她永不屈服。即在德谟克拉西的希望毁灭之后，这百折不挠的女人依然昂头矗立着。她一直到死依旧是醉心于自由，她的威望的力量那么伟大，她的老师歌德加给她的圆光又那么显耀，以致普鲁士王和许多王公，虽然在一八四八年后和她有怨隙，依然不得不对她表示敬意，在一八五一年至一八五二年间关心于她在魏玛为歌德建立的纪念碑之实现。但那傲岸的贝婷娜拒绝了王族对于完成该碑的贡献，说"歌德只能从德国人民接受他的纪念碑"。

　　绝对的超然。虽然国王屡次恳切请她，贝婷娜从没有到宫廷去过。她一天天和时间隔绝起来了，终日只梦想着，她那黑粗绒的修道院长袍使她显得越矮小，只在晚间才离开她的房间，到她家里的庞贝音乐厅去听四重奏曲，其中第一小提琴手便是约阿希姆（Joseph Joachim，1831—1907）[1]。她年轻时候的两个影子，贝多芬和歌德便是她晚上的光明。她对他们至死忠贞不渝——但并非死守着他们的坟墓，而是保持着他们那不灭的火焰。她在她两个女儿身上找着两个热烈的信徒，亚蒙迦尔和基色拉（Armgart et Gisela），和母亲一样是艺术家、画家（特别是和赫尔曼·格林姆结婚的基色拉）、音乐家（特别是约阿希姆所钦羡的亚蒙迦尔）、戏剧家（基色拉），——她们三个随时都救助被压迫者，张开两臂去接受那些伟大的反抗者。——这母亲的两个女儿额上是印着柏里兴根和爱格蒙的血的。

---

[1]　**约阿希姆**　匈牙利裔小提琴演奏家，作曲家。他主持的弦乐四重奏乐团名重一时。

附　录

《马赛曲》在德国

《马赛曲》在德国的传播几乎紧接着法国。时为一七九二年九月，离开它写成后五个月，也就是马赛义勇军在巴黎传播开来（约八月十日）几个星期之后。这一首《莱茵军团战歌》是在一七九二年四月二十五日宣战消息传来之夜在斯特拉斯堡写成的。在瓦尔米战役没有人唱过，而是几天之后，遵照国防部长命令，作为感恩赞美诗唱的。奥地利王子参加德军撤退谈判时听到这首战歌，表示希望得到乐谱，他收到巴黎寄给凯勒曼（François Christophe Kellermann）将军的一份抄本。《马赛曲》第一次在热马普（Jemmapes）用于战场，作曲家科策布（August von Kotzebue）这样斥责作曲者："残忍！野蛮！我有多少兄弟不是被你杀死的！……"这句话似乎以其他方式由诗人克洛普斯托克（Friedrich Klopstock）重复过。根据一个德国传闻，一七九七年，克氏在汉堡拜访《马赛曲》作者鲁日·德·里尔（Claude Rouget de Lisle），对这首鼓舞军心的战歌表示赞赏："你真了不起！粉碎了五万个德国好汉！"

歌德在他的《美因茨围城》（*Siège de Mayence*）中三次提到《马赛曲》。但很奇怪，三次之中，只有法国军队离开美因茨那一次是庄严的。其他两次，由德国士兵用双簧管吹奏，和《就会好》(Çaira)一起表演，娱乐歌德这些"正在大喝香槟的宾客"。在晚饭席上，食客要求听这首歌，"所有客人都表示满意，喜欢。"可见在德国人这边，一般人只视此歌为一首进行曲，没有人留心歌词。

弗里德兰德（Max Friedlsender）教授提供了一个奇怪的例子。一八〇四年之后，这首歌的部分旋律流入德国，本地化为歌谣（lied），迅速流行起来。变成这么个样子! 侠盗歌! ……《里纳尔迪尼》(Rinaldo Rinaldini)，十一节歌词：

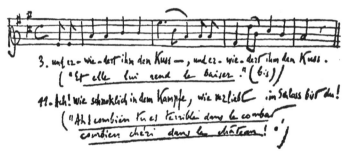

然而，正是歌德的内弟武尔彼乌斯（August Vulpius）在一七九九年，把这首浪漫曲的歌词引进他的小说《里纳尔迪尼》(Rinaldo Rinaldini)。一八〇四年，一个无名作曲家配以旋律，至今仍为德国人所演唱。不过，歌德（或者武尔彼乌斯）是否认出变成这个样子的《马赛曲》，大有疑问。如前所见，《马赛曲》以小调式段落刻入歌德记忆，而这首侠盗歌，却只使用大调式。

直到一八三〇年后，《马赛曲》才为德国音乐家所真正了解。七月革命"光荣三日"的高卢雄鸡唤醒了这首在拿破仑帝国和王朝复辟时期沉睡（或被缚住）的战歌。大家知道舒曼采用过三次《马赛曲》：一八三九年在《维也纳狂欢节》(乔装为三拍的兰特勒民间舞曲，因为梅特涅首相禁演这首歌）；

八四○年，在著名的海涅（Heinrich Heine）诗歌《两个榴弹兵》歌曲（同年，瓦格纳在巴黎把此诗谱上音乐，也采用《马赛曲》）；一八五一年，在《赫尔曼与多罗特娅》的序曲。

《马赛曲》的音乐和贝多芬类似，他本该会因此如何地激动，更甚于舒曼，会在他的某一部伟大作品中高举它的旗帜飞扬。他在一七九二年十一月从波恩到维也纳的旅途中，穿过法国军队的阵线，不是已经听到过吗？《马赛曲》完全没有进入过奥地利吗？没有撬开他那封闭耳朵的大门吗？弗里德兰德教授在十九世纪上半叶发表在音乐报刊和出版物的研究中，在这方面无任何透露。然而，无论如何，贝多芬在维也纳和一些大音乐家来往，像凯鲁比尼（Luigi Cherubini），他们在法国大革命的交响乐和合唱曲起过头等作用。而他自青年时代便认识的萨列里（Antonio Salieri），在维也纳是一位权威，据说已经在一七九五年（？），一部《巴米拉》(Palmira) 歌剧中采用过《马赛曲》。问题悬而未决。但是我思疑他知道这首歌，但未置一词，也没有在任何一部作品中留下它的乐章痕迹。

（刘志侠　译）

贝蒂娜谈音乐的信

　　这是贝婷娜致歌德的信，一八一○年圣诞节写于柏林。

　　我冒昧把这篇不寻常的独白意译出来，并非没有经过踌躇。我们在里面目睹炽热的思想在黑夜里娩出。即使德国的历史学家和文献学家专心研究过贝婷娜的文字，面对某些句子的晦涩，也承认他们的疑惑。幸好贝婷娜在一八三五年的《歌德与一个孩子的通信》（*Goethes Briefwerhsel mit einem Kinde*）中作过解述，澄清了一些段落。我敢自认明白了全篇的精神，而我在其中得到的兴趣，令我期待阅读我的关于贝多芬著作的广大读者也同样得到。在摸索表达方式的笨拙举动下面，我们辨认出一种热烈而深沉的音乐直觉，因此我们便明白，贝婷娜在向歌德高声朗诵。

　　我把借用贝婷娜一八三五年的解述置于方括号内。

　　　　　　　　　　　　　　——罗曼·罗兰

　　在所有艺术和学问中，混乱和无意识是魔力的来源，在音乐里达到最高的程度，但是没有人下决心去深化。最深之处永远由学究的泯灭一切的平庸之道称霸。音乐界中，所有人都想理智地表达（而音乐的特性刚好在理智停止之处开始）。他们的这种信念本意良善，并无心计。他们不自觉地使用魔力的方式，有时只用一半，有时用错方向。那些以前冲劲十足、光芒四射的方式，现在凝固僵硬，冰冷发霉，讨厌得要命。

　　然而，心灵中有一种让人感觉到的秘密活动，时显时隐，不知从何而来。突然之间，天才豁然完全开放，它已经在无秩序的混沌中扩散多时，一步一步地成长……［贝多芬］。目前，音乐的状态就是这样。身在其中的天才总是孑然独立，被人误解，因为他不是在光天白日下得到成就，几乎都是不知不觉的，没有自我意识的。

　　必须很多人中才能出现一个天才。反过来，天才必须对人类群体有强烈的行动，并且持之以恒，否则便没有英雄。没有了大众，便没有音乐。

　　在过去的世纪，快感像穿过水晶那样渗入智慧中，支配作品，带领作品，令精神飞扬……在音乐方面，这已成绝响！熄灭的东西从前有过自己的庙宇，庙宇倒塌了！现在，这成了心灵的东西，音乐精神在里面回响，按照各人的性情。但是哪一位音乐家能够继续保持足够的真情和纯洁，只感觉（和只表达）好的东西？

*　　*　　*　　*

音乐语言的命运很奇特：没有人理解！因此，世人对没有听过的东西永远激烈反对。不仅因为音乐没有人理解，还因为音乐甚至未为人所知。在音乐面前，人变得僵硬，像木头一样。他会容忍知道的东西，并非因为理解，而是习以成性：像骡子每天负重那样。我还没有遇过一个人，听了一段时间音乐后，不困倦交加地离开音乐的。这是一种必然的后果，比起相反的情况更容易理解。一个有大志的人，要是不首先从职业的自动俗套解放出来，要是他不过自己的生活，不让任何人伸手进来，他能做什么？……他当然可以"做"音乐，但他不能解放法则条文的精神。每种艺术都努力推开死亡，把人领向天国，但那里周围由没有教养的人守卫，他站在那里，头发被剃光，蒙受屈辱：本应是自由意志和自由生活的东西变成了机械，因此我们空等一场，空有信心，空抱希望：没有产生任何东西。世人要达到（这些高度的目标），只有通过现在砂泥满地的道路，通过祈祷和心灵的全神贯注，通过对上帝永恒的爱。——但是在这里，我们到达无法攀登的高岭前面。然而，只有在那上面，我们才能尝试去认识呼吸的快感……

（刘志侠　译）